FANTASTISK INGEN BAKING OSTEKAKKER KOKEBOK

100 appetittvekkende ostekakeoppskrifter uten baking for dessertelskere, med tips og teknikker for å heve ostekakespillet ditt og imponere gjestene dine

Sofia Nielsen

Copyright materiale ©2023

Alle rettigheter reservert

Ingen del av denne boken kan brukes eller overføres i noen form eller på noen måte uten riktig skriftlig samtykke fra utgiveren og opphavsrettseieren, bortsett fra korte sitater brukt i en anmeldelse. Denne boken bør ikke betraktes som en erstatning for medisinsk, juridisk eller annen profesjonell rådgivning.

INNHOLDSFORTEGNELSE

INNHOLDSFORTEGNELSE 3
INTRODUKSJON 7
BLOMSTERE OSTEKAKER 8
    1. No-Bake Rose Cheesecake 9
    2. No-Bake Hibiscus ostekaker 11
    3. No-Bake spiselige blomst mini ostekaker 14
    4. No-Bake Butterfly Pea Cheesecake 17
    5. No-Bake blåbær lavendel ostekake 20
    6. No-Bake Jasmine Cheesecake 23
FRUKT OSTEKAKER 25
    7. No-Bake bringebær sitron ostekake 26
    8. No-Bake Lime Cheesecake 29
    9. No-Bake Triple Berry Cheesecake 32
    10. No-Bake Blackberry Chocolate Cheesecake Cups 34
    11. No-Bake aprikos ostekake 36
    12. No-Bake Strawberry Cheesecake 38
    13. No-Bake blåbærostkake 40
    14. No-Bake epleostkake 42
    15. No-Bake Mango ostekake 44
    16. Ingen bake banankremostkake 46
    17. No-Bake Vegan Berry cheesecake 49
    18. No-Bake bringebærostkaketrøfler 51
    19. No-Bake Banana Oreo Cheesecake 53
    20. No-Bake Passionfruit Cheesecake 56
NØTTE OSTEKAKER 59
    21. No-Bake Appelsin og macadamia ostekake 60
    22. No-Bake Mandel Cheesecake 63

23. No-Bake sjokolade hasselnøtt ostekake 65
24. No-Bake mandel- og blåbærostkake 67
25. No-Bake Mandelmåltid Ostekake 69

VEGGIE OSTEKAKER 72

26. No-Bake Ube Cheesecake 73
27. No-Bake Pumpkin Pie Cheesecake 76
28. No-Bake ostekake med avokado og lime 78
29. No-Bake Gingersnap Pumpkin Cheesecake 81
30. No-Bake Pumpkin Pie Cheesecake Tart 83

URTEKAKKER 85

31. No-Bake ostekake med basilikum, lime og jordbær 86
32. No-Bake Matcha ostekake 89
33. No-Bake søt basilikum og sitron ostekake 91
34. No-Bake Mint ostekake 94
35. No-Bake Rosemary Honning Cheesecake 97
36. No-Bake Mint Nektarin Cheesecake Tert 100
37. No-Bake ingefær og koriander ostekake 103

OSTKAKER MED KAKER OG GODTI 106

38. No-Bake Toblerone ostekake 107
39. No-Bake Cookie Crumble Cheesecake 109
40. No-Bake Oreo Cheesecake 111
41. No-Bake Funfetti Oreo bursdagskake ostekake 113
42. No-Bake Kokosmakron ostekake 116
43. No-Bake Choc Chip Cannoli Cheesecake 118
44. No-Bake Double Chocolate Cheesecake 120
45. No-Bake Mocha Cheesecake 124
46. No-Bake Peanut Butter Cheesecake Bombs 127

SVITTIGE OSTEKAKER 129

47. No-Bake Rum eggnog ostekake 130

48. Nei Bake Margarita Cheesecake 133

49. No-Bake Pina colada ostekake 135

50. No-Bake Vodka Toffee eple Cheesecake.. 137

BAKTE OSTEKAKER.. 140

51. Strawberry Cheesecake French Toast... 141

52. Blåbær sitron ostekake havre 143

53. Jordbærostkakepannekaker 145

54. Frossen fikenostkake 147

55. Vegansk bærostkake 150

56. Mango ostekake 152

57. Blåbærostkake... 154

58. Tranebærappelsinostkake 157

59. Sitronskall ostekake 159

60. Opp-ned ananas-ostekaker... 161

61. Mandarin ostekake 164

62. Valnøtt ostekake 166

63. Makadamia- og limelukekake 168

64. Blåbærostkake... 171

65. Ostekake med glutenfri mandelmåltid.. 173

66. LUN japansk ostekake 177

67. Dobbel Chocolate Fudge Cheesecake 179

68. Japansk ostekake 182

69. Gresskar ostekake 184

70. Pumpkin Patch Cheesecake 186

71. Pumpkin Pie Cheesecake Bowls 188

72. Mini Monster Cheesecakes.. 191

73. Individuelle Key Lime Cheesecakes... 193

74. Pappeske Ovn ostekake 196

75. Low-Carb key lime ostekaker.. 198

76. Cottage cheese Cheesecake 201
77. No-bake gresskar skorpe ostekake 203
78. Ingen bake blandet bær yuzu ostekake 205
79. Cheesecake Cupcakes 208
80. Custard Cup Cheesecake cupcakes 210
81. Ostekakebarer 212
82. Pumpkin Cheesecake Bars 214
83. Frosne sjokolade peanøttsmør ostekake bomber 216
84. Bringebærostkaketrøfler 218
85. Småkaker og kremostkakebiter 220
86. Air Fryer Cheesecake Bites 222
87. Gresskarpai ostekake terte 224
88. Amaretto ostekake terter 226
89. Ostekake-is 228
90. Ostekake Sherbet 230
91. Ostekake-iskremoppskrift 232
92. Blueberry Cheesecake Ice Cream 234
93. Eple-osteis 237
94. Cherry Cheesecake Ice Cream 239
95. Røkt laks Ostekake 241
96. Kylling-chili ostekake 243
97. Krabbekjøttostkaker med krabbe 245
98. Daiquiri ostekake 248
99. Pina colada ostekake 250
100. Kahlua og kremostkake 252

KONKLUSJON **254**

INTRODUKSJON

Hvis du er en ostekakeelsker, men ikke vil tilbringe timer på kjøkkenet med å bake, så er Ingen baking ostekakker -kokeboken perfekt for deg. Med 100 deilige og enkle å lage ostekakeoppskrifter uten å bake, vil du aldri gå tom for ideer til en søt godbit.

Fra klassiske smaker som sjokolade og jordbær til mer unike kombinasjoner som peanøttsmør og gelé eller blåbærsitron, det er en ostekakeoppskrift for enhver smaksløk. Du finner også veganske og glutenfrie alternativer, så alle kan unne seg den kremete godsaken.

I tillegg til tradisjonelle ostekaker, inneholder kokeboken oppskrifter på ostekakebarer, ostekakebiter og til og med ostekakeis. Det finnes oppskrifter for alle anledninger, enten du er ute etter å imponere gjester på et middagsselskap eller bare vil unne deg selv en lat helg.

Hver oppskrift kommer med trinnvise instruksjoner og vakre bilder for å veilede deg gjennom prosessen. Du vil også finne nyttige tips for ingredienserstatninger og dekorasjonsideer for å ta ostekakespillet ditt til neste nivå.

Så, enten du er nybegynner eller en erfaren baker, har Ingen baking ostekakker -kokeboken noe for enhver smak. Gjør deg klar til å hengi deg til den rike og kremete verdenen av ostekaker uten baking.

BLOMSTERE OSTEKAKER

1. No-Bake Rose Cheesecake

Gir: 4 porsjoner

INGREDIENSER

FOR KEKSBASEN

- 50 g Mariekjeks
- 20 g smeltet smør

TIL OSTEKAKEMIXEN

- 150 g kremost
- 75 g piskefløte
- 20 g melis
- Rose Essence
- Rosa matfarge noen dråper

BRUKSANVISNING

a) Mal kjeksene, tilsett smeltet smør og bland til det er innarbeidet.
b) Legg en 5" firkantet kakering på et serveringsfat, overfør kjeksblandingen og fordel den jevnt med en skje.
c) Trykk den godt ned. Avkjøl i 5-10 minutter.
d) I en bolle kombinerer du kremost, melis, roseessens og rosa matfarge. Pisk til det er kremet.
e) Pisk kremfløten i en annen bolle til det dannes myke topper.
f) Overfør kremfløten i omganger og vend den sammen med kremostblandingen.
g) Når ingrediensene er godt innarbeidet, overfører du kremostblandingen til den tilberedte kjeksbunnen.
h) Jevne og glatt toppen.
i) Pynt med roseblader og pistasjnøtter.
j) Dekk til med matfilm og sett i kjøleskap over natten.
k) Neste dag fjerner du kakeringen forsiktig, skjærer ostekaken i skiver og serverer.

2. No-Bake Hibiscus ostekaker

Gir: 3 porsjoner

INGREDIENSER
UTGANGSPUNKT:
- 6 Digestive kjeks
- ⅛ kopp smeltet smør
- 1 ts honning

FYLLING:
- ¼ kopp mascarpone ost
- ½ kopp pisket krem, pisket
- 1/4 kopp tørkede hibiskusblomster, vasket
- 7 gram gelatin, blomstret
- ¼ kopp ricinussukker

Å SERVERE
- Hibiskus sirup
- Kandiserte hibiskusblomster

BRUKSANVISNING

FOR Å LAGE BASE:

a) Knus kjeks i en mikser og tilsett så mye smør som trengs for å binde dem sammen.
b) Tilsett honning til det.
c) Trykk dette i en liten bakeform, og avkjøl i 30 minutter.
d) Blom nå gelatinen i kaldt vann i 10 minutter og varm den i mikrobølgeovnen i noen sekunder og hold den til side.

FOR Å LAGE FYLLING:

e) Tilsett mascarponeost, pisket krem, tørkede og knuste hibiskusblomster, blomstret gelatin og laks i en bolle.
f) Krem alle ingrediensene.
g) Hell det over kjeksbunnen og oppbevar i kjøleskap i 3 timer.

Å SETTE SAMMEN:

h) Server hibiskus ostekake med sirup og kandiserte blomster.

3. No-Bake spiselige blomst mini ostekaker

Gjør: 18 mini ostekaker

INGREDIENSER
SKORPE
- 2 kopper graham cracker smuler
- 5 ss lys brunt sukker
- 8 ss usaltet smør, smeltet

FYLLING
- 16 gram kremost, myknet
- ⅔ kopp ekstra fint granulert sukker
- 2 store egg
- 1 ts vaniljeekstrakt eller vaniljestangpasta
- ⅔ kopp rømme

PYNT
- En håndfull spiselige blomster, stilker fjernet, vasket og tørket
- 1 eggehvite
- 1 ts granulert sukker

BRUKSANVISNING

a) For skorpen, rør sammen graham cracker smuler, brunt sukker og smeltet smør. Trykk ca 2 ss smuler i 18 papirkledde muffinskopper.

b) Pisk kremost på middels hastighet til glatt, skrap ned bollen etter behov. Tilsett sukker og pisk til det er lett og luftig.

c) Tilsett egg og vanilje og pisk til det er kremaktig.

d) Rør inn rømme.

e) Del ostekakefyllet likt mellom 18 muffinskopper, og ha ca. 2 ss fyll i hver.

f) Sett spiselige blomster på et papirhåndkle. Pensle et lett lag egg over en blomst, dryss deretter lett med sukker og gjenta.

g) Arranger 1-3 blomster på toppen av hver mini ostekake.
h) Frys i minst 2 timer til ostekakene ikke lenger ser våte ut, men sentrene fortsatt skubber.
i) Før pålegg, sett ostekaker inn i fryseren i 15 minutter.
j) Fjern og skrell umiddelbart bort papirforingene.
k) Sett på et serveringsfat eller individuelle desserttallerkener og server.

4. No-Bake Butterfly Pea Cheesecake

Gir: 6 porsjoner

INGREDIENSER
- 1 ts vanilje- eller mandelessens

OSTEKAKEFYLL
- 750 g Silken Tofu
- 4 g Agar Agar Pulver
- 170 g sukkerfri erytritol
- 1,5 ts sommerfuglertepulver

OSTEKAKEBUNN
- ½ kopp Digestive kjeks
- 65 ml kokosolje, smeltet

BRUKSANVISNING

a) For å lage ostekakebunnen, knus fordøyelseskjeksene i en plastmatpose med en kjevle.
b) Overfør deretter kakesmulene til en bolle, hell i smeltet kokosolje og bland godt.
c) Overfør kakeblandingen til ostekakeformen.
d) Trykk smulene godt med baksiden av en skje ned i bunnen for å komprimere dem og lage et jevnt lag.
e) Avkjøl den deretter i kjøleskapet i én time eller frys den i 30 minutter til kjeksbunnen har stivnet og stivnet.
f) Skyll og tøm i mellomtiden silketofuen for å fjerne saltlakevannet.
g) Skjær tofublokken i terninger, legg dem i en foodprosessor og kjør til den er jevn og kremaktig.
h) Overfør den blandede tofuen i en gryte og ha i agarpulveret litt om gangen for å unngå klumper, rør til det er innlemmet.

i) Rør deretter inn sukker eller erytritolsøtningsmiddel for et lavt sukkeralternativ, etterfulgt av mandel- eller vaniljeessens hvis du bruker det.
j) Kok tofublandingen forsiktig opp og la den småkoke på lav varme i 3 minutter for å aktivere agaren.
k) Rør blandingen mens den koker for å forhindre at den fester seg til bunnen av pannen og brenner seg.
l) Hell deretter en tredjedel av tofukremen over den kalde kjeksbunnen.
m) Bank kakeformen på benkeplaten for å fjerne luftbobler og jevn tofufyllet med en slikkepott eller baksiden av en skje.
n) I en liten kopp, løs opp sommerfuglertepulveret i litt tofukrem til du ikke har noen klumper.
o) Bland deretter den blå erteblandingen inn i de resterende to tredjedeler av tofukremen.
p) Rør godt til du har en jevn blå ostekakekrem.
q) Hell forsiktig den blå tofukremen over det hvite tofulaget.
r) Igjen banker du kakeformen på benkeplaten for å fjerne luftbobler og jevner ut det blå tofufyllet med en slikkepott eller baksiden av en skje.
s) Pakk formen inn med matfilm og avkjøl sommerfuglerteostkaken i 2-3 timer eller til fyllet er stivnet.
t) Sett formen på et høyt glass, lås opp eller løsne kakeformringen, og skyv den forsiktig nedover.
u) Når den er fri, overfører du ostekaken med sommerfuglerter over på et serveringsfat, fjerner kakebunnen og pynter kaken etter eget ønske.

5. No-Bake blåbær lavendel ostekake

Gir: 6 porsjoner

INGREDIENSER
SKORPE
- 110 gram glutenfrie graham crackers finknust (ca. 1 kopp)
- ½ teskje tørkede spiselige lavendelknopper grovmalt
- 4 ss smør smeltet

BLÅBÆRTOPPING
- 1½ kopp blåbær
- ¼ kopp vann
- 3 ss økologisk rørsukker
- ½ ts sitronskall
- ¼ ts vaniljeekstrakt
- klype salt
- ¾ teskje tørkede spiselige lavendelknopper

OSTEKAKEFYLL
- ¾ kopp tung krem avkjølt
- 8 gram kremost, ved romtemperatur
- 4 gram geitost, ved romtemperatur
- ½ kopp organisk rørsukker
- 2 ts sitronskall
- 1 ts vaniljeekstrakt
- ½ teskje tørkede spiselige lavendelknopper grovmalt

BRUKSANVISNING
a) Ha graham-kjeksene i en foodprosessor. Bearbeid til de har en fin, sandaktig tekstur. Overfør til en middels bolle. Tilsett lavendel, salt og smør. Bland godt med en gaffel for å blande smør i alle smulene. Legg et rundt stykke pergament i bunnen av springformen. Trykk smuler med en skje og hender, ned i

bunnen og litt mindre enn ½ opp på sidene. Pass på å trykke godt. Sett i fryseren.

b) Ha 1 kopp av blåbærene og vannet i en foodprosessor og kjør til de er kuttet i små biter. Tøm blandingen i en liten kjele. Tilsett sukker, sitronskall, vanilje og salt. La det småkoke på middels varme, rør hele tiden.

c) Tilsett den resterende halvparten av blåbærene. Plasser lavendelen i en gjenbrukbar tepose eller pose med osteklut, forsegl den og tilsett sausen. Reduser varmen og fortsett å røre mens lavendelen trekker. Når sausen har tyknet, i ca 10 minutter, fjern fra varmen.

d) Fortsett å trekke lavendelen i ytterligere 15 til 20 minutter. Fjern deretter teposen eller posen. La sausen avkjøles helt.

e) I en stor bolle, pisk den tunge fløten med en elektrisk mikser til det dannes myke topper. I en andre stor bolle bruker du mikseren til å piske kremost, geitost, sukker, sitronskall og lavendel. Når blandingen er helt kombinert, bruk en slikkepott til å blande inn kremfløten forsiktig.

f) Ta skorpen ut av fryseren og hell fyllet i. Jevn med en stor skje. Avkjøl i minimum fire timer best over natten. Når du er klar til servering, ta den ut av kjøleskapet og løs den fra springformen.

g) Hell en rikelig mengde blåbærsaus på toppen, og kutt umiddelbart. Ostekaken holder seg i 4 dager i kjøleskapet.

6. No-Bake Jasmine ostekake

Gir: 6 porsjoner

INGREDIENSER

- 1 kjeksbunn

FOR KREMMEN:

- 400 gram labneh ost
- 1 kopp yoghurt
- 2 ss ristet mandelmel
- 1 ts vanilje
- 1 glass sukker

JASMIN TE:

- 2 ss sjasminte, tørt hele blad eller 4 teposer med sjasmin
- 2½ kopper nedkjølt melk

BRUKSANVISNING

JASMIN TE:

a) Varm opp til 1 kopp melk, fjern den fra komfyren og legg jasminte i den.
b) Vent i 10 minutter og avkjøl i ca. 1 time.

KREM:

c) Bland kremost og sukker i en mikser.
d) Tilsett 1½ kopper kald melk og sjasminmelken du har tilberedt. Bland i totalt 2 minutter.
e) Tilsett yoghurt, vanilje og ristet mandelmel og pisk i et minutt til på lav hastighet.
f) Hell kjeksene på bunnen og fordel med en skje.
g) La stå i kjøleskapet over natten.

Å SERVERE:

h) Ta ostekaken ut av formen og legg den forsiktig på et serveringsfat.
i) Pynt med sjasminblomster og server i skiver.

FRUKT OSTEKAKER

7. No-Bake bringebær sitron ostekake

Gjør: 6

INGREDIENSER: SKORPE:
- 1 ½ Graham Crumbs
- 4 ss smeltet smør

SITRONOSTEKAKKEFYLL:
- 16 gram kremost, romtemp
- ½ kopp rømme
- 1 ss melk
- 1 ts vaniljeekstrakt
- 1 kopp sunt organisk pulverisert sukker
- sitronskall
- 1 ss sitronsaft

Å SETTE SAMMEN
- 1 kopp bringebærsaus
- Whoftekrem
- Sitronskive
- Bringebær

BRUKSANVISNING:

FOR Å LAGE SKORPE:

a) Tilsett grahamssmuler med smeltet smør i en bolle. Bland godt og sett til side.

FOR Å LAGE SITRONOSTEKAKKEFYLLET:

b) Tilsett kremost, rømme, melk og vaniljeekstrakt i en bolle. Miks på høy med en stavmikser til den er jevn. Tilsett melis, sitronskall og sitronsaft og bland igjen. Skrap ned bollen, og legg deretter i en sprøytepose.

Å SETTE SAMMEN:

c) I en 4 gram mason krukke, tilsett 2-3 ss av graham crust blandingen og tamp ned. Rør deretter i ostekakeblandingen. Rist glasset for å flate ut ostekakeblandingen.

d) Tilsett en skje bringebærsaus, og topp med pisket krem, sitronskive og bringebær.

e) Nyt!

8. [No-Bake lime ostekake](#)

Gir: 8 porsjoner

INGREDIENSER:
- ¾ kopp graham cracker smuler
- 1 ss sukker
- 3 ss smør, smeltet

FYLLING:
- To 8 gram pakker med kremost, myknet
- ¾ kopp sukker
- ¼ kopp rømme
- 3 ts revet limeskall
- 1 ss limejuice
- 1 ts vaniljeekstrakt
- 2 store egg, romtemperatur, lett pisket
- Limeskiver og kremfløte

BRUKSANVISNING:

a) Plasser understellsinnsatsen og 1 kopp vann i en 6-qt. elektrisk trykkoker. Smør en 6-in. springform; legg på en dobbel tykkelse av kraftig folie.

b) Pakk godt rundt pannen.

c) I en liten bolle kombinerer du kjeks og sukker. Rør inn smeltet smør. Trykk på bunnen og opp på sidene av den tilberedte pannen. Sett i fryseren.

d) I mellomtiden, i en stor bolle, pisk kremost og sukker til det er jevnt. Pisk inn rømme, limeskall, limejuice og vanilje.

e) Tilsett egg; pisk på lav hastighet bare til det er blandet.

f) Hell i forberedt panne. Dekk pannen med folie.

g) Brett et stykke folie på langs i tredjedeler, lag en slynge. Bruk slyngen til å senke pannen ned på understellet.

h) Lås lokket; lukk trykkutløserventilen.
i) Juster til trykkkoking på høy i 50 minutter. La trykket slippe naturlig i 10 minutter; hurtigfrigjør eventuelt gjenværende trykk. Bruk en folieslynge og fjern springformen forsiktig. La stå i 10 minutter.
j) Fjern folien fra pannen. Avkjøl ostekaken på rist i 1 time.
k) Løsne siden fra pannen med en kniv. Avkjøl over natten, dekk til når den er avkjølt. For å servere fjerner du kanten fra springformen.
l) Pynt med limeskiver og pisket krem.

9. [No-Bake Triple Berry Cheesecake](#)

Gir: 12 porsjoner

INGREDIENSER:
- 1-½ kopper graham cracker smuler
- ⅓ kopp pakket brunt sukker
- ½ ts malt kanel
- ½ kopp smør, smeltet

FYLLING:
- To 8-unse pakker med kremost, myknet
- ⅓ kopp sukker
- 2 ts sitronsaft
- 2 kopper kraftig kremfløte

TOPPING:
- 2 kopper friske jordbær i skiver
- 1 kopp friske blåbær
- 1 kopp friske bringebær
- 2 ss sukker

BRUKSANVISNING:

a) I en liten bolle, bland cracker smuler, brunt sukker og kanel; rør inn smør.

b) Trykk på bunnen av en usmurt 9-tommers springform. Avkjøl i 30 minutter.

c) I en stor bolle, pisk kremost, sukker og sitronsaft til det er jevnt. Tilsett fløte gradvis; pisk til det dannes stive topper. Overfør til forberedt skorpe. Avkjøl og dekk til over natten.

d) I en bolle blander du bær forsiktig med sukker. La stå til saften er frigjort fra bærene, 15-30 minutter.

e) Med en kniv, løsne siden av ostekaken fra pannen; fjern felgen. Server ostekake med topping.

10. No-Bake Blackberry Chocolate Cheesecake Cups

Gir: 6 porsjoner

INGREDIENSER:
- 1½ kopper minikringler
- 2 ss pluss ⅓ kopp sukker, delt
- 3 ss smør, smeltet
- 1 kopp kraftig kremfløte
- 8 gram kremost, myknet
- ½ kopp konditorsukker
- 1 ts vaniljeekstrakt
- ½ kopp hvite bakesjetonger
- 1½ kopper friske bjørnebær
- Ekstra bjørnebær

BRUKSANVISNING:

a) Puls pretzels i en foodprosessor til det dannes fine smuler. Tilsett 2 ss granulert sukker og det smeltede smøret; puls bare til kombinert. Fordel blandingen mellom 6 halvliters hermetikkglass eller dessertretter.

b) For ostekakelaget, pisk fløte til stive topper dannes. I en annen bolle, pisk kremost, konditorsukker og vanilje til en jevn masse. Brett inn 1-½ kopper av kremfløten, og bake deretter chips. Hell over kringleblandingen. Avkjøl, dekket, til den er kald, ca 3 timer.

c) I en ren foodprosessor puréer du i mellomtiden 1-½ kopper bjørnebær med den resterende ⅓ koppen sukker; ta ut i en bolle. Dekk til og avkjøl bærblandingen og gjenværende kremfløte frem til servering.

d) For å servere, topp med bjørnebærblanding, reservert pisket krem og ekstra bjørnebær.

11. No-Bake aprikos ostekake

Gjør: 1 porsjon

INGREDIENSER:
- 17 gram aprikos halvdeler, drenert, og juice reservert
- 1 konvolutt med gelatin, uten smak
- ⅓ kopp sukker
- 16 gram kremost
- 1 ts vaniljeekstrakt
- 1 paibunn, sjokoladeplate

BRUKSANVISNING:
a) I en blender eller foodprosessor, puré 10 aprikoshalvdeler med reservert sirup; varme til koking.
b) I mellomtiden, i en stor bolle, bland unflavored gelatin med sukker; tilsett varm væske og rør til gelatinen er helt oppløst i ca. 5 minutter.
c) Med en elektrisk mikser, slå inn kremost og vanilje til det er jevnt; la stå i 10 minutter.
d) Hell i forberedt skorpe; avkjøl til den er stiv. Pynt med de resterende aprikoshalvdelene, i skiver og, om ønskelig, kremfløte.

12. No-bake jordbær ostekake

Gjør: 1 porsjon

INGREDIENSER:
- 1 Graham cracker kakebunn
- 8 gram kremost, myknet
- ⅓ kopp sukker
- 1 kopp rømme
- 2 ts Vanilje
- 8 gram pisket topping, frossen
- Jordbær, ferske til pynt

BRUKSANVISNING:
a) Pisk osten jevn, pisk gradvis inn sukker.
b) Bland inn rømme og vanilje.
c) Brett inn pisket topping, bland godt.
d) Øs i skorpen. avkjøl til stivnet, minst 4 timer.
e) Pynt med friske jordbær til pynt.

13. No-Bake blåbær ostekake

Gjør: 1 porsjon

INGREDIENSER:
- ½ kopp sukker
- 2 ss maisstivelse
- ¾ kopp kaldt vann
- 1 halvliter friske blåbær
- 8 gram kremost
- 3 ss konditorsukker
- 1 ts Vanilje
- 1 graham cracker pie Crust

BRUKSANVISNING:

a) Bland sukker og maisenna i en middels stor kjele. Rør inn vann til det er blandet.
b) Tilsett 1 kopp blåbær. Rør over middels varme til blandingen tykner og koker.
c) Reduser varmen og la det småkoke i 2 minutter, mens du rører konstant, til bærene slipper saften.
d) Ta av varmen og rør inn de resterende bærene. Avkjøl til romtemperatur.
e) Pisk ost, konditorsukker og vanilje i en bolle til det er godt blandet. Fordel over bunnen av skorpen. Dekk med blåbærblanding.
f) Avkjøl i 2 timer eller til den er godt avkjølt.

14. No-Bake epleostkake

Gir: 4 porsjoner

INGREDIENSER:
- 6 ss gelatin uten smak
- 1 kopp kokende vann
- 2 pund kremost
- 2 kopper konditorsukker
- 1 kopp tung krem, lett pisket

KRUMMEBASE:
- 2 kopper Graham cracker smuler
- 2 ss sukker
- 2 røde epler, fjernet, kuttet og hakket
- ½ kopp hakkede valnøtter

BRUKSANVISNING:

a) Smør en 12-tommers springform og kle bunnen med vokset papir. Løs opp gelatinen i vann i en liten bolle og la den avkjøles.

b) Pisk sammen kremost og konditorsukker til det er lett og luftig. Tilsett gelatin og pisk til det er godt blandet.

c) Vend inn tung pisket krem og vend blandingen i en forberedt panne og avkjøl. Bland graham cracker smuler, sukker og smør.

d) Dryss blandingen over avkjølt ostekake. Trykk smuler lett inn i overflaten.

e) Snu ostekaken med smuldresiden ned og ta den ut av pannen. Topp med hakkede epler og valnøtter. Hell sjenerøst karamellsaus over toppen. R

15. No-Bake Mango ostekake

Gir: 4 porsjoner

INGREDIENSER:

- 150g Arnotts Mariekjeks
- 80 g smør, smeltet
- 2 pakker kremost, i romtemperatur
- ½ kopp melis
- 300 ml fortykket krem, pisket
- 1 ss gelatin
- ¼ kopp varmt vann
- 4 mangoer, skrellet og skåret i skiver
- 2 ss limejuice
- 1 mango, skrelt og hakket, til servering

BRUKSANVISNING:

a) Bearbeid kjeksen i en foodprosessor til den er finknust. Tilsett smør og puls for å kombinere. Press over bunnen av en 20 cm springform. Avkjøl i 15 minutter eller til den er stiv.

b) I mellomtiden bruker du en elektrisk mikser til å visp kremost og sukker i en bolle til det er glatt og kremaktig. Brett inn kremen.

c) Visp gelatinen og varmt vann i en liten bolle til gelatinen er oppløst. Rør ¼ kopp av kremostblandingen inn i gelatinblandingen, tilsett deretter den resterende blandingen og bland godt. Hell halvparten av kremostblandingen over kjeksbunnen. Topp med halvparten av mangoskivene, deretter den resterende kremostblandingen. Avkjøl over natten eller til den er stiv.

d) Ta ostekaken ut av kjøleskapet 15 minutter før servering. For å lage coulis, legg mango og limejuice i en blender og kjør til den er jevn.

e) Legg resten av mangoen i skiver over ostekaken og ringle over coulisen.

16. Ingen bake banankremostkake

Gir: 4 porsjoner

INGREDIENSER:
FOR PUDDINGEN:
- 3,4 unse banankrempuddingblanding
- 1 ¾ kopp melk

FOR SKORPEN:
- 11-unse boks Wafers cookies
- ¾ kopp usaltet smør, smeltet

FOR OSTEKAKEN:
- To 8-unse pakker med kremost, myknet
- ½ kopp granulert sukker
- 2 ss kraftig kremfløte
- 1 ts vaniljeekstrakt

FOR TOPPEN:
- 12-unse Cool Whip, tint, delt
- 3 store bananer i skiver
- 6 oblater, knust, til pynt

BRUKSANVISNING
FOR PUDDINGEN:
a) Forbered puddingblandingen først slik at den får noen minutter å avkjøle og tykne før du setter sammen ostekaken.
b) I en liten bolle, visp sammen puddingblandingen og melken til den er jevn. Avkjøl i 5 minutter, til den er klar til å monteres.

FOR SKORPEN:
c) Smør lett bunnen av en 9-tommers springform med bakespray. Sette til side.
d) Kvern vaniljevaflene i en foodprosessor til en fin smule.
e) Ha i det smeltede smøret og bland med en gaffel.

f) Hell skorpeblandingen i bunnen av springformen og trykk godt til for å lage en tykk skorpe! Sette til side.

FOR OSTEKAKEN:

g) Pisk kremost med sukker i 3-4 minutter til den er lys og luftig. Tilsett kremfløte og vanilje og pisk ytterligere 2-3 minutter, skrap ned sidene av bollen etter behov.

a) Hell ostekakefyllet i den tilberedte skorpen.

Å SETTE SAMMEN:

a) Når du har helt ostekakefyllet på skorpen, legg til de skivede bananene på toppen av ostekaken.

b) Ta puddingblandingen ut av kjøleskapet og hell den over de skivede bananene.

c) Topp alt med 8 oz av den tinte Cool Whip.

d) Avkjøl hele kaken i minst 3 timer.

e) Når du er klar til servering, bruk dine 6 reserverte informasjonskapsler og knus dem. Dryss over toppen av Cool Whip.

17. No-Bake Vegan Berry ostekake

Gjør: 6

INGREDIENSER:
- Fire 8 gram pakker med vegansk kremost
- 0,5 gram Agar Agar + 1 kopp varmt vann
- 3 gram vegansk sitrongelo + 1 kopp varmt vann
- ¼ kopp melis
- oblater
- Friske jordbær eller bringebær
- To 3 gram bokser med vegansk jordbærjello

BRUKSANVISNING:
a) I en kopp varmt vann, oppløs 2 pakker agar og 1 kopp sitrongelo.
b) Når osten er klar, pisk den i ca 2 minutter, eller til den er luftig.
c) Agar Agar og gelé bør tilsettes litt om gangen.
d) Bland til alle klumper er borte. Tilsett sukkeret og fortsett å piske til alt er godt blandet.
e) Legg vaniljewafere på bunnen av springformen. Fyll pannen med kremostblandingen. Avkjøl i minst 2 timer.
f) Lag jordbærgelo med halve mengden vann.
g) La avkjøling i noen minutter.
h) Legg jordbær på toppen av osteblandingen som er stivnet. Avkjøl til geléen stivner, og hell den over jordbærene.

18. No-Bake bringebær ostekake trøfler

Gjør: 10

INGREDIENSER:
- 2 ss tung krem
- 8 gram kremost, myknet
- ½ kopp pulverisert Swerve
- Klype havsalt
- 1 ts vaniljestevia
- 1 ½ ts bringebærekstrakt
- 2-3 dråper naturlig rød matfarge
- ¼ kopp kokosnøttolje, smeltet
- 1 ½ kopper sjokoladebiter, sukkerfri

BRUKSANVISNING:
a) For å begynne, bruk en mikser til å blande swerve og kremost grundig til den er kremaktig.
b) Kombiner krem, bringebærekstrakt, stevia, salt og konditorfarge i en stor miksebolle.
c) Vær sikker på at alt er godt kombinert.
d) Tilsett kokosolje og bland på høy til alt er grundig kombinert.
e) Ikke glem å skrape ned sidene av bollen så ofte du trenger å fullføre. La den stå i kjøleskapet i en time. Hell røren i en kakeskje som er omtrent ¼-tommer i diameter, og deretter på en bakeplate som er tilberedt med bakepapir.
f) Frys denne blandingen i en time, og trekk den deretter med smeltet sjokolade for å gjøre den ferdig! Den bør settes i kjøleskapet en time til for å stivne før servering.

19. No-Bake Banana Oreo ostekake

Gjør: 8

INGREDIENSER
- 200 g Oreos
- 60 g usaltet smør
- 3 bananer i skiver

TOPPING:
- 200 ml dobbel krem
- 1 pose Vege Gel
- 400 g kremost
- 1 ts vaniljeekstrakt
- 120 g melis
- 50 g Oreos ødelagt

GARNITYR
- 50 g Oreos til å dekorere ødelagte

BRUKSANVISNING

a) Kle en 20 cm springform med bakepapir.
b) Legg 200 g Oreos i 2 plastmatposer og knus med en kjevle for å danne smuler.
c) Smelt smøret i en panne over svak varme, og rør deretter inn Oreo-smulene.
d) Hell smuleblandingen i formen og flat ut jevnt.
e) Fordel bananskivene over bunnen.
f) Pisk fløten med en visp til den danner myke topper.
g) Fyll opp grønnsaksgelen ved å drysse den på 200 ml kaldt vann og blande og koke opp i en panne.
h) Sett til side til avkjøling i 5 minutter.
i) Ha kremost, sukker og vaniljeekstrakt i en bolle og bland godt, bland deretter inn fløten.

j) Hell i vegegelen og pisk med en stor visp til den er godt blandet inn.
k) Brett inn de ødelagte Oreos.
l) Hell blandingen på kjeksbunnen og jevn den ut med en slikkepott.
m) Avkjøl i kjøleskapet i minimum 3 timer for å stivne.
n) Når den er satt, dekorer ostekaken med ødelagte Oreos.

20. No-Bake pasjonsfrukt ostekake

Gjør: 12

INGREDIENSER
FOR KEKSBASEN
- 200 g Gingernøttkjeks aka gingersnaps
- 100 g smør

TIL OSTEKAKEFYLTET
- 400 g Helfet Philadelphia-kremost
- 100 g melis
- 2 gelatinblader platinakvalitet, bruk 3 for et fastere sett
- 200 ml Dobbel krem
- 100 g gresk yoghurt
- 15 ml limejuice
- 2 ts vaniljestangpasta
- 100 ml pasjonsfruktpuré

TIL PASSIONFRUKT GELETOPPINGEN
- 100 ml pasjonsfruktpuré
- 100 ml pasjonsfruktkjøtt
- 75 g Rørsukker
- 2 gelatinblader

BRUKSANVISNING
KEKS BASE
a) Bearbeid ingefærkjeksene i en foodprosessor til de minner om fine brødsmuler.
b) Smelt smøret og rør inn i kjekssmulene.
c) Hell denne blandingen i bunnen av bakeformen og trykk ned til nivå.

OSTEKAKEFYLL
a) Ha 2 gelatinblader i en bolle fylt med kaldt vann. La stå i 5-19 minutter til den er myk.

b) Pisk kremost og sukker sammen til en jevn masse.
c) Tilsett gresk yoghurt og vaniljestangpasta og bland inn.
d) Varm deretter pasjonsfruktpuréen og limejuicen sammen i en panne til den er varm.
e) Tøm gelatinplatene fra vannet, tilsett i pannen og bland til de er oppløst.
f) Pisk fruktjuicen inn i ostekakedeigen – raskt raskt når væsken er hellet i for å unngå at den begynner å stivne.
g) Tilsett fløten og pisk til den er tykk nok til at en skje kan stå opp i den.
h) Hell på kjeksbunnen og jevn med en sløv kniv. Avkjøl i 3 timer.

PASSIONFRUTT GELETOPPING

a) Legg de resterende 2 gelatinbladene i kaldt vann og la dem myke.
b) Ha pasjonsfruktpureen og fersk pasjonsfruktmasse i en liten panne sammen med sukkeret og varm opp til rundt 60C/120F til sukkeret er oppløst.
c) Tøm gelatinen, tilsett i pannen og rør for å løse opp.
d) La avkjøles til rundt 40C/80F og hell deretter over toppen av ostekaken.
e) Sett ostekaken tilbake i kjøleskapet i ytterligere 3 timer.

NØTTE OSTEKAKER

21. No-Bake Appelsin og macadamia ostekake

Gir: 4 porsjoner

INGREDIENSER
FYLLING
- 1 kopp appelsinjuice
- 1 kopp melis
- 4 egg, separert
- 2 appelsiner, finrevet skall
- 1 ½ spiseskje gelatin
- ⅓ kopp nettopp kokt vann
- To 8-unse pakker med kremost, ved romtemperatur
- 1 kopp tyknet krem, pisket

APPELSIN OG MAKADAMIAOSTEKAKE
- ¾ kopp hvetemelkjeks, knust
- ¾ kopp macadamias, lett knust
- ½ kopp smør, smeltet
- ¼ teskje malt kanel
- oransje segmenter, til servering

BRUKSANVISNING
APPELSIN OG MAKADAMIAOSTEKAKE
a) Smør lett en springform på 28 cm.
b) Ha kjeks og halvparten av nøttene i en foodprosessor og bearbeid til de er finknust. Tilsett smør og kanel. Bearbeid til det er blandet.
c) Trykk blandingen godt inn i bunnen av den tilberedte pannen. Avkjøl i 15 minutter, til den er fast.

GJØR FYLLING;

a) kombinere juice, sukker, eggeplommer og skall i en varmebestandig bolle. Visp over en kjele med kokende vann i 4-5 minutter til det er tykt og skummende. Fjern fra varme.
b) I mellomtiden, i en liten mugge, visp gelatin raskt inn i vannet med en gaffel til det er oppløst. Avkjøl litt.
c) I en liten bolle, bruk en elektrisk mikser, pisk kremost til den er jevn. Bland gradvis inn egg- og gelatinblandinger. Overfør blandingen til en stor bolle. Brett kremen gjennom.
d) Pisk eggehviter i en middels bolle til det dannes myke topper. Vend inn i osteblandingen.
e) Hell i forberedt panne. Topp med resterende macadamias. Avkjøl i 3 timer eller over natten. Server toppet med appelsinbiter.

22. No-bake mandel ostekake

Gir: 4 porsjoner

INGREDIENSER
FOR FYLLET:

- Tre 8-unse pakker med kremost
- ½ kopp granulert sukker
- 1 ts mandelekstrakt
- 1 kopp kald kremfløte, pisket

FOR SKORPEN:

- 1½ kopper knuste graham kjeks
- 1 kopp malte mandler
- ½ kopp granulert sukker
- 6 ss usaltet smør, smeltet

TOPPING:

- skivede mandler, frukt, bær, sjokolade m.m.

BRUKSANVISNING

a) Rør kremosten og sukkeret.
b) Bruk en stavmikser og et visptilbehør og pisk den tunge fløten til den er tykk.
c) Bland inn mandelekstrakt og pisket kremfløte i kremostblandingen, og sett til side.
d) Bland ingrediensene til skorpen i en 9 eller 10-tommers springform. Klapp ned på
e) bunnen av pannen og frys i 15 minutter.
f) Fordel ostekakefyllet over skorpen og jevn toppen av ostekaken.
g) Avkjøl i 12 timer eller over natten.
h) Frys ostekaken i 10-15 minutter før du tar den ut av springformen.

23. No-Bake sjokolade hasselnøtt ostekake

Gir: 10-12 porsjoner

INGREDIENSER
- 140 g usaltet smør
- 10 gram digestive kjeks, brutt opp
- 500 g kremost, myknet
- 85 g melis
- 300 ml dobbel krem
- 1 ts vaniljeekstrakt
- 15 hasselnøttsjokolader
- 4 ss hasselnøttsjokoladepålegg
- 25 g hasselnøtter, grovhakket

BRUKSANVISNING

a) Lag ostekakebunnen: smelt smøret i en liten panne på middels varme. Kjør kjeksen i en foodprosessor til en fin smule, tilsett det smeltede smøret og kjør til det er godt blandet. Ha i en 23 cm springform og trykk godt ned i bunnen. Avkjøl mens du lager fyllet.

b) Pisk kremost og melis i en bolle for å bli myk. Pisk fløte og vanilje i en egen bolle til det dannes myke topper, vend dem deretter inn i ostekremen. Rør gjennom den hakkede sjokoladen. Hell over kjeksbunnen og jevn med en slikkepott. Dekk til med matfilm og avkjøl over natten.

c) Når den har stivnet, legg sjokoladehasselnøttpålegget i en kjele og smelt på lav varme i 3-4 minutter til det er rennende. la den avkjøles litt før du fordeler den over toppen av ostekaken. Pynt med resten av sjokoladen og litt hakkede hasselnøtter. Avkjøl til du skal servere.

24. No-Bake mandel- og blåbærostkake

Gjør: 1 ostekake

INGREDIENSER:
SKORPE
- ½ kopp revet kokos
- 1 kopp ristede mandler
- 1 ss kokosolje, smeltet
- 1 ts vaniljeekstrakt

FYLLING
- 2 kopper cashewnøtter, bløtlagt i 12 timer, skylt og drenert
- 3 ss sitronsaft ved romtemperatur
- ½ kopp lønnesirup
- ½ kopp kokosolje, smeltet
- 8 dråper infundert olje - blåbærsmak
- 2 kopper friske blåbær

BRUKSANVISNING:
a) Kle en 9-tommers rund kakeform med bakepapir.
b) Kombiner skorpeingrediensene i en foodprosessor og kjør i 1 minutt.
c) Trykk skorpeblandingen på bunnen av den forberedte kakeformen.
d) Glaser skorpen og sett den i fryseren.
e) Bland alle ingrediensene til fyllet i en blender til en jevn masse.
f) Ta den frosne skorpen ut av fryseren og legg den på en bakeplate. Hell ostekakefyllet på toppen.
g) Frys ostekaken 30 minutter før servering.

25. No-bake ostekake med mandelmåltid

Gjør: En 7-tommers ostekake

INGREDIENSER:
FOR SKORPEN
- 2 kopper glutenfritt mandelmel
- ¼ teskje salt
- 1½ ss brunt sukker
- ¼ kopp usaltet smør, smeltet

TIL OSTEKAKEN
- 1 pund kremost, ved romtemperatur
- 2 ss maisstivelse
- ⅔ kopp granulert sukker En klype salt
- ½ kopp rømme, ved romtemperatur
- 2 ts glutenfri vaniljeekstrakt
- ⅛ teskje glutenfritt mandelekstrakt
- 2 store egg, i romtemperatur
- 1 kopp kaldt vann

BRUKSANVISNING:
SKORPE

a) Spray lett bunnen og sidene av en springform med nonstick-spray.

b) Klipp en sirkel av bakepapir i samme størrelse som bunnen av springformen. Plasser pergamentsirkelen på bunnen av pannen og spray lett med ekstra nonstick-spray. Sette til side.

c) Bland mandelmel, salt og brunt sukker i en liten bolle. Tilsett det smeltede smøret og rør med en gaffel til det henger sammen.

d) Hell skorpeblandingen i den forberedte pannen. Fordel med fingrene og trykk forsiktig ned for å danne et jevnt lag. Sett kjelen i fryseren mens du lager ostekakedeigen.

OSTEKAKE

e) I en middels miksebolle, pisk kremosten med en stavmikser på lav hastighet, til den er jevn. Kombiner maisstivelse, granulert sukker og salt i en liten miksebolle. Tilsett halvparten av sukkerblandingen i ostekremen og pisk til den akkurat er innlemmet. Skrap ned sidene av bollen med en slikkepott.

f) Tilsett den resterende sukkerblandingen og pisk til den akkurat er innlemmet. Tilsett rømme og vanilje- og mandelekstrakter i kremostblandingen. Pisk til det akkurat kommer sammen.

g) Tilsett eggene, ett om gangen, og skrap ned bollen godt etter hver tilsetning. Ikke bland for mye.

h) Fjern skorpen fra fryseren. Pakk bunnen av pannen godt inn med aluminiumsfolie for å forhindre lekkasjer. Hell kremostdeigen over skorpen. Bank lett på benkeplaten for å fjerne luftbobler.

i) Hell det kalde vannet i den indre kjelen i trykkokeren. Legg en bordskinne i gryten. Bruk en folieslynge til å plassere ostekakeformen forsiktig på toppen av understellet. Pass på at pannen ikke berører vannet.

j) Lukk og lås lokket, og pass på at damputløserknappen er i forseglingsposisjon. Kok på høyt trykk i 40 minutter. Når du er ferdig, bruk hurtigutløsermetoden ved å vri utløserknappen til ventilasjonsposisjonen og slippe ut dampen.

k) Når flytepinnen faller, låser du opp lokket og åpner det forsiktig. Tørk forsiktig overflaten av ostekaken med et papirhåndkle for å absorbere eventuell kondens.

l) Fjern forsiktig ostekaken og legg den på en rist til avkjøling.

m) Når ostekaken er helt avkjølt, plasser den i kjøleskapet i 6 til 8 timer eller over natten. Når du er klar til servering, fjern ostekaken fra kjøleskapet. Slipp sidene av springformen og kjør en tynn kniv mellom bakepapiret og skorpen, og skyv deretter forsiktig over på et serveringsfat.

VEGGIE OSTEKAKER

26. No-Bake Ube ostekake

Gir: 12 skiver

INGREDIENSER
FYLLING AV INGREDIENSER
- 2 kopper vegansk kremost
- 1 kopp ube 250 gram
- 1 kopp kokoskrem
- ½ kopp lønnesirup
- ½ ss vanilje
- ½ ss kanel

SKORPE INGREDIENSER
- 2 kopper pekannøtter
- ¼ kopp kokossukker
- ¼ kopp kokosolje
- en skvett vanilje
- klype salt

BRUKSANVISNING

a) Start med å vaske og skrelle ubehandlet. Skjær den så grovt i mindre biter.
b) Legg ubeen i kokende vann og kok i 7-10 minutter, til yamen er supermyk og du enkelt kan stikke en gaffel i den.
c) Når ubeen er kokt, mos den sammen med en gaffel eller potetstapper.
d) Mål opp 250 gram, som tilsvarer ca 1 kopp.
e) Tilsett ube, kremost, kokoskrem, lønnesirup, vanilje og kanel i en foodprosessor og bland alle ingrediensene til en super jevn.
f) Jeg blandet min i minst fem minutter på høy hastighet fordi jeg ønsket en supermyk tekstur.
g) Når ostekakefyllet er kremaktig og glatt, sett det til side.

h) Til en ren foodprosessor, tilsett pekannøtter, sukker, kokosolje, vanilje og salt. Puls dem til de er godt blandet.
i) Kle en springform med bakepapir og smør den rikelig med kokosolje.
j) Overfør skorpefyllet til pannen. Den er kanskje litt myk og rennende, men det er greit fordi den stivner i kjøleskapet.
k) Bruk en skje for å sikre at den er jevnt fordelt på pannen.
l) Hell nå ostekakefyllet på toppen av skorpen og bruk en skje til å jevne ut toppen og lage et jevnt lag.
m) Avkjøl ostekaken over natten eller i 6 eller flere timer. Det vil trenge denne tiden for å herde helt.
n) Når kaken er klar, skjær den i skiver og nyt!

27. No-Bake Pumpkin Pie Cheesecake

Gir: 2 porsjoner

INGREDIENSER:
FOR SKORPEN
- ¾ kopp mandelmel
- ½ kopp linfrømel
- ¼ kopp smør
- 1 ts Pumpkin Pie Spice
- 25 dråper flytende stevia

FOR FYLLET
- 6 gram kremost
- ⅓ kopp gresskarpuré
- 2 ss rømme
- ¼ kopp tung krem
- 3 ss smør
- ¼ ts gresskarpai-krydder
- 25 dråper flytende stevia

BRUKSANVISNING:
a) Bland alle de tørre ingrediensene til skorpen grundig.
b) Mos sammen de tørre ingrediensene med smør og flytende stevia til en deig dannes.
c) Legg deigen i miniterteformene dine.
d) Kjør alle fyllingsingrediensene med en blender og avkjøl.
e) Etter ca 5 timer, skjær i skiver og topp med pisket krem.

28. No-Bake ostekake med avokado og lime

Gir: 4 porsjoner

INGREDIENSER
FOR BASE
- 8 gram av digestives kjeks
- 3 gram usaltet smør, smeltet
- Skal av ½ lime
- 1 ts limejuice

TIL OSTEKAKEN
- 10 gram kremost
- 7 gram dobbel krem for blanding med avokado
- 1 moden avokado
- Saft og skall fra 1 lime
- 1 kopp granulert hvitt sukker
- 3,5 gram usaltet smør smeltet
- 4 mynteblader
- Noen mynteblader og appelsin/sitron/limeblomster til pynt

BRUKSANVISNING
UTGANGSPUNKT

a) Ha digestivekeksene i en foodprosessor og miks til du har smuler.
b) Tilsett smeltet smør og limeskall og limesaft, og bland til alt er jevnt belagt.
c) Hell blandingen i glassene og trykk til et jevnt lag med baksiden av en skje.

FYLLING

d) Tilsett alle ingrediensene, bortsett fra det smeltede smøret, i en foodprosessor.

e) Bland godt i 3-4 minutter eller til alle ingrediensene er kombinert.
f) Tilsett deretter smøret sakte i blandingen mens du fortsetter å blande på lavt nivå.
g) Blandingen skal få en litt rennende konsistens, ikke bekymre deg, den tykner av seg selv i kjøleskapet.
h) Hell blandingen på toppen av ostekakebunnen. Hell rett til toppen av glasset og bruk deretter baksiden av en kniv til å "trimme" toppen slik at den får en perfekt glatt topp.
i) Sett i kjøleskap i minst 2-3 timer før servering. Pynt med noen kvister frisk mynte, noen kandiserte lime eller sitrusblomster.

29. No-Bake Gingersnap Pumpkin Cheesecake

Gjør: 1 ostekake

INGREDIENSER:

- 1 ½ kopper knuste gingersnap-kjeks
- 1 ss smeltet smør
- 16 gram kremost
- ½ kopp gresskarpuré
- 1 ss mel
- ¼ kopp lønnesirup
- ¼ kopp brunt sukker
- 1 ts gresskarkrydder
- 2 egg

BRUKSANVISNING:

a) Bland gingersnap og smør i en bolle. Sette til side.

b) I en avtakbar bunnpanne linje med bakepapir. Hell knust gingersnap-blanding i pannen og flat den ut med et glass med flat bunn. Sett i kjøleskapet for å stivne.

c) I en annen bolle blander du kremost, gresskarpuré, mel, lønnesirup, brunt sukker og gresskarkrydder til en jevn masse. Deretter blander du et egg, ett om gangen og blander det til det akkurat er blandet. Avslutt med en slikkepott. Hell i forberedt kakeform og dekk med folie.

d) Tilsett 1 kopp vann i multipotten og sett ostekakeformen inn i understellet. Senk ned i den indre kjelen og lukk lokket. Flytt trykkmåleren for å forsegle og slå på kakefunksjonen i 30 minutter.

e) Når du er ferdig, slipper du til raskt trykk og åpner lokket i noen minutter for å slippe ut resten av dampen. Slå av maskinen og lukk lokket.

f) La den gå ned til temp naturlig i en time og fjern ostekaken. Sett i kjøleskapet i minst 4-5 timer for å avkjøle. Nyt!

30. No-Bake Pumpkin Pie Cheesecake Tert

Gjør: 1

INGREDIENSER:
SKORPEN
- ¾ kopp mandelmel
- ½ kopp linfrømel
- ¼ kopp smør
- 1 ts Pumpkin Pie Spice
- 25 dråper flytende stevia

FYLLET
- 6 gram vegansk kremost
- ⅓ kopp gresskarpuré
- 2 ss rømme
- ¼ kopp vegansk tung krem
- 3 ss smør
- ¼ ts gresskarpai-krydder
- 25 dråper flytende stevia

BRUKSANVISNING:
a) Kombiner alle de tørre ingrediensene til skorpen og rør grundig.
b) Mos sammen de tørre ingrediensene med smør og flytende stevia til en deig dannes.
c) Rull deigen til små kuler til miniterteformene.
d) Trykk deigen mot siden av terteformen til den når og går opp på sidene.
e) Kombiner alle fyllingrediensene i en miksebolle.
f) Bland ingrediensene til fyllet med en stavmikser.
g) Når fyllingrediensene er jevne, fordel dem i skorpen og avkjøl.
h) Ta ut av kjøleskapet, skjær i skiver og topp med pisket krem.

URTEKAKKER

31. No-Bake ostekake med basilikum, lime og jordbær

Gir: 8 porsjoner

INGREDIENSER
BASIL, LIME OG JORDBÆR OSTEKAKE

- matoljespray
- ½ kopp skotsk fingerkjeks
- ½ kopp smør, smeltet
- 3 ts pulverisert gelatin
- ¼ kopp varmt vann
- 1½ kopp kremost, myknet
- ½ kopp melis
- 1 ss finrevet limeskall
- 1½ kopper fortykket krem
- ½ kopp limejuice
- 2 ss finhakket fersk basilikum
- 2 ss ferske babybasilikumblader
- 2 ss vann
- ½ kopp jordbærsyltetøy
- 1 ss limejuice
- 8 friske basilikumblader
- 1 kopp jordbær, halvert

BRUKSANVISNING

a) Spray en springform med olje; kle bunnen med bakepapir.
b) Bearbeid kjeks til de er fine. Tilsett smør; prosess til kombinert.
c) Trykk blandingen godt over bunnen av kjelen. Avkjøl i 30 minutter.
d) Dryss gelatin over det varme vannet i en liten varmebestandig mugge; sett kannen i en liten kjele med kokende vann, og rør til gelatinen er oppløst. Kul.

e) I en middels bolle, pisk kremost og sukker og skall med en elektrisk mikser til jevn. Tilsett fløte; pisk til glatt.
f) Tilsett juice, den avkjølte gelatinblandingen og finhakket basilikum; pisk til det er blandet. Hell fyll over kjeksbunnen. Dekke; avkjøl i ca 3 timer eller over natten til stivnet.
g) Rett før servering toppes ostekaken med jordbær og sirup; dryss med basilikumblader.
h) I en liten kjele, rør vann, syltetøy, juice og basilikum over lav varme til syltetøyet smelter. Kok opp.
i) Fjern fra varme; rør inn jordbær. Kul; kast basilikum.

32. No-Bake Matcha ostekake

Gir: 8 porsjoner

INGREDIENSER

- 1 kopp butternut snap kjeks
- ½ kopp smeltet smør
- 2 ts malt ingefær
- 1 kopp myknet kremost
- 1 kopp fortykket krem
- 1 ss sitronsaft
- 1 ts vaniljestangpasta
- 1 ts matchapulver, pluss 1 ts ekstra
- 2 ts gelatin
- ¼ kopp nettopp kokt vann
- 1 kopp smeltet hvit sjokolade

BRUKSANVISNING

a) Smør og kle bunnen og sidene av en 20 cm springform.

b) Puls kjeks til fine smuler i en foodprosessor. Tilsett smør og ingefær og bland godt. Trykk godt over bunnen av kjelen. Frys i 10 minutter.

c) I en middels bolle med en elektrisk mikser, pisk kremost til den er jevn. Pisk inn fløte, pisket til myke topper, sitronsaft, vaniljestangpasta og 1 ts matchapulver til en jevn masse.

d) Dryss gelatin over kokt vann og visp kraftig med en gaffel for å løse opp. Pisk inn kremostblandingen, tilsett deretter gradvis hvit sjokolade, pisk for å kombinere.

e) Hell kremostblandingen i pannen, behold ⅓ kopp. Visp ekstra matchapulver inn i den reserverte blandingen. Hell store dukker over ostekaken og virvl forsiktig gjennom med en smørkniv. Avkjøl, tildekket, i 4 timer eller over natten. Server med ekstra matchapulver.

33. No-Bake søt basilikum og sitron ostekake

Gir: 12 porsjoner

INGREDIENSER
SIMONSKORPE
- 2½ kopper vaniljekjeksmuler ¼ kopp usaltet smør, smeltet
- 2 ss sitronskall

FYLLING
- 1¼ kopper kraftig kremfløte, kald
- Tre 8-unse pakker med kremost, romtemperatur
- ¾ kopper melis
- 2 ss sitronsaft
- 1 kopp pakket basilikumblader, vasket og tørket
- klype salt
- små basilikumblader til pynt vasket og tørket

BRUKSANVISNING
SIMONSKORPE

a) Tilsett kjeksene i en foodprosessor utstyrt med bladfestet og kjør til du har ganske fine smuler.

b) Tilsett smulene i en stor miksebolle og bland inn smeltet smør og sitronskall.

c) Hell i en 9-tommers springform og trykk den jevnt og fast på bunnen. Sett skorpen i kjøleskapet mens du lager fyllet.

FYLLING

d) Bruk en elektrisk mikser eller en stavmikser utstyrt med visptilbehøret for å piske fløten til stive topper. Dette vil ta ca. 2 minutter. Sette til side.

e) Tilsett nå kremosten og melis i foodprosessoren utstyrt med bladfestet. Bland til det er helt glatt. Tilsett sitronsaft, vanilje, basilikum og klype salt og bland til basilikumen er grønn. Bruk en gummispatel for å legge dette til en stor miksebolle.

f) Brett kremfløten inn i osteblandingen til den er blandet.

g) Fjern skorpen fra kjøleskapet og hell fyllet i pannen. Glatt toppen og dekk den med plastfolie. Avkjøl over natten.

h) Bruk en kniv til å løsne den avkjølte ostekaken fra kanten av springformen, og fjern deretter kanten.

i) Pynt med små basilikumblader, skjær i skiver og server.

34. No-Bake Mint ostekake

Gir: 4 porsjoner

INGREDIENSER
MYNTESIRUP
- 1½ kopper melis
- 2½ kopper vann
- mynteblader

KAKESKORPE
- 1 kopp sjokoladekjeks
- ½ kopp usaltet smør

OSTEKAKEFYLL
- 2 kopper kremost
- 1 kopp fersk, tung kremfløte
- ½ kopp myntesirup
- 10 g gelatin
- ¼ kopp melk
- 1 sjokoladeplate

BRUKSANVISNING
a) Tilbered myntesirupen: vask myntebladene og tørk dem. Finhakk mynten i en foodprosessor sammen med halvparten av sukkeret.
b) Kok opp vannet med det resterende sukkeret.
c) Tilsett blandingen av mynte og sukker i det kokende vannet og kok i 6 minutter.
d) La den avkjøles i 12 timer og filtrer med et fint dørslag
e) Ha sirupen på flaske og oppbevar den i kjøleskapet
f) Forbered ostekakeskorpen: bruk en foodprosessor til å male opp kjeksene
g) Smelt smøret og hell det på kjeksen, bland med en skje.

h) Hell kakesmuleblandingen i en springform og trykk den ned i bunnen og sidene. Avkjøl denne paibunnen i kjøleskapet i 10 minutter før du fyller den.
i) Forbered fyllet: Hell kraftig kremfløte i en bolle og visp på høy hastighet. Oppbevar den i kjøleskapet.
j) Bland i en bolle kremosten med myntesirup.
k) Bløtlegg gelatinen i kaldt vann i noen minutter.
l) Varm opp litt melk og tilsett den pressede gelatinen. Tilsett denne blandingen i bollen med kremost og myntesirup.
m) Tilsett kremfløte i røren.
n) Fordel fyllet i skorpen og avkjøl i 2 timer.
o) Fjern kanten av springformen og tallerken ostekaken.
p) Pynt med sjokoladebiter og mynteblader.

35. No-Bake rosmarin honning ostekake

Gir: 8 porsjoner

INGREDIENSER
- 400 g kremost
- 10 gram dobbel krem
- 150 g honning
- ½ ts vaniljestangpasta
- 2 kvister rosmarin
- 200 g digestive kjeks
- 50 g valnøtter
- 120 g usaltet smør

BRUKSANVISNING

a) Finhakk rosmarinen.
b) Tilsett halvparten av rosmarinen pluss alt smøret i en panne og smelt på lav varme. La trekke mens du forbereder resten av basen.
c) Knus eller knus digestive kjeksene og valnøttene til et fint pulver.
d) Bland kjeks- og nøttebunnen med det smeltede rosmarinsmøret til en tykk pasta. Kle bunnen av springformen med bakepapir og hell bunnen i formen. Sett i kjøleskapet og la stå i 15-20 minutter for å stivne.
e) Pisk i mellomtiden den doble fløten til den danner stive topper, og sett til side.
f) Pisk kremosten til den er lett og luftig, og rør deretter inn vanilje, resten av rosmarin og honning. Pisk igjen.
g) Kombiner kremostblandingen med dobbelkremen med en slikkepott.
h) Hell den kombinerte blandingen på toppen av den sette kjeksbunnen, jevn ut, dekk med matfilm og sett tilbake i kjøleskapet. La stå i 1 time for å stivne.
i) For å servere skyver du bunnen ut av springformen og skyver ostekaken fra bunnen til en tallerken eller tallerken.

36. No-Bake Mint Nektarin Cheesecake Tert

Gir: 12 porsjoner

INGREDIENSER
- 1 unse unflavored gelatin
- 2 kopper kullsyreholdig sitron-lime brus, delt
- ½ kopp sukker, delt
- 1 kopp graham cracker smuler
- ¼ kopp smør, smeltet
- 8 gram kremost, myknet
- 1 ts sitronskall
- 1½ kopper tint pisket topping
- 1½ kopper blandede friske bær
- 1 nektarin, i skiver
- friske mynteblader

BRUKSANVISNING

a) Dryss gelatin over ½ kopp brus i en liten bolle. Kok opp den resterende brusen i en kjele.
b) Legg til gelatin sammen med 2 ss sukker; rør i 3 min. til gelatinen er helt oppløst.
c) Hell i en 9-tommers firkantet panne sprayet med matlagingsspray.
d) Avkjøl i 45 min. eller til det er litt tyknet, rør av og til.
e) Kombiner grahamssmuler, smør og 2 ss av det resterende sukkeret; trykk på bunnen av en 9-tommers springform. Avkjøl til klar til bruk.
f) Pisk kremost, sitronskall og resterende sukker i en middels bolle med en mikser til det er blandet.
g) Rør forsiktig inn pisket topping; spredt over skorpen.
h) Pynt toppen av terten med frukt og mynte for å likne blomster.
i) Dekk med en gelatinblanding.
j) Avkjøl i 3 timer eller til den er stiv. Kjør en kniv rundt kanten av pannen for å løsne terten; fjern kanten av pannen før servering.

37. No-Bake ingefær og koriander ostekake

Gir: 12 porsjoner

INGREDIENSER:
INGFERSKORPE
- 25 gingersnap kjeks
- 2 ts tørket koriander
- 90 g usaltet smør

FYLLING
- 500 g helfet kremost
- 300 ml tung krem
- 3,5 gram sukker
- 1 ss melis
- 2 ss finhakket ingefær
- 1 ss sirup fra stilken ingefærkrukken
- Blader fra en 30g haug med fersk koriander
- 1 mango
- 1 ss gelatin

TOPPING
- 1 mango
- 1 ss gelatin
- Saft av 1 lime

Å LAGE SKORPE

a) Start med å vende kjeksene til fine smuler, enten ved hjelp av en foodprosessor eller ved å legge dem i en plastpose og knuse dem med en kjevle, og tilsett den tørre korianderen.

b) Smelt smøret og tilsett i kjeksblandingen. Bland godt sammen og legg den deretter i en 9" springform. Bruk baksiden av en skje, trykk blandingen ned for å danne en jevnt pakket bunn.

c) Overfør til kjøleskapet for å stivne.

Å LAGE FYLLET

d) Puré kjøttet av 2 mango i en blender. Sett halvparten i kjøleskapet til senere.
e) Løs opp gelatinen i omtrent en tredjedel av et krus varmt vann og la det avkjøles.
f) Finhakk ingefær og fersk koriander og sett til side.
g) Kombiner kremost, sukker og melis i en stor miksebolle med en skje for å blande kraftig. Rør så inn mangopuré og gelatin.
h) Pisk fløten i en separat bolle til det dannes myke topper. Rør dette forsiktig inn i ostekremblandingen. Vend forsiktig inn ingefær og frisk koriander til det er jevnt blandet inn.
i) Hell blandingen i formen på toppen av kjeksbunnen og sett over i kjøleskapet. La avkjøle i minst 2 timer før du legger på toppingen.

Å LAGE TOPPEN

j) Tilsett saften av en lime til den gjenværende mangopuréen.
k) Løs opp 1 ts gelatin i ca 3 ss varmt vann og tilsett mangoblandingen, rør godt. Hell toppingen over toppen og fordel den jevnt med en skje.
l) Sett kaken tilbake i kjøleskapet. La det stå kaldt i minst 3 timer til – men helst over natten.
m) Fjern den forsiktig fra formen og overfør den til en tallerken eller kakeform.

OSTKAKER MED KAKER OG GODTI

38. No-Bake Toblerone ostekake

Gir: 8 porsjoner

INGREDIENSER
- ½ kopp vanlige sjokoladekjeks
- ¼ kopp malte mandler
- ½ kopp saltet smør, smeltet
- 2½ kopper Philadelphia kremost, myknet
- ½ kopp melis
- 1 kopp Toblerone-sjokolade, smeltet
- ½ kopp fortykket krem
- 1 kopp Toblerone-sjokolade, ekstra, revet

BRUKSANVISNING

a) Bearbeid kjeks i en foodprosessor til de minner om fine brødsmuler. Tilsett mandler og smør. Behandle ytterligere 10 sekunder for å kombinere. Trykk kjekssmuler i bunnen av en lett smurt 20 cm springform. Avkjøl i 20 minutter.

b) I mellomtiden, bruk en elektrisk mikser, pisk kremost og sukker til det er jevnt. Tilsett smeltet sjokolade og fløte. Bland til det er godt blandet.

c) Hell blandingen over smulebunnen og jevn toppen med en slikkepott. Avkjøl i 3 timer eller over natten. Til servering, topp ostekake med revet sjokolade.

39. No-Bake Cookie Crumble Cheesecake

Gir: 10 porsjoner

INGREDIENSER:
- 1 konvolutt med vanlig gelatin
- ¼ kopp kald melk
- 1 kopp melk, oppvarmet til koking
- 2 pakker kremost, 8 gram hver
- ½ kopp sukker
- 1 ts vaniljeekstrakt eller smak
- ½ kopp minisjokoladechips
- 1 dyp tallerken graham cracker Crust
- 1 kopp av favorittkakene dine, grovt knust

BRUKSANVISNING:

a) I en blender, dryss gelatin over kald melk; la stå i 2 min. Tilsett varm melk og bearbeid på lav til den er oppløst, ca 2 min.

b) Tilsett kremost, sukker og vanilje og bearbeid til det er blandet. Anrett sjokolade i bunnen av skorpen.

c) Hell i gelatinblandingen; dryss over knuste kjeks. Avkjøl til den er fast, ca. 2 timer.

40. [No-Bake Oreo ostekake](#)

Gir: 16 porsjoner

INGREDIENSER
- 19,1 oz pakke OREO Cookies, delt
- 6 ss smør, smeltet
- Fire 8 oz pakker med kremost, myknet
- ¾ kopp sukker
- 1 ts vanilje
- 8 oz badekar Cool Whip Whipped Topping, tint

BRUKSANVISNING:

a) Legg omtrent 15 av kjeksene i en Ziploc-pose på literstørrelse. Knus kakene med en kjevle. Du bør fortsatt ha noen fine biter.

b) Legg de resterende kjeksene i en foodprosessor til de er knust. Bland med smør.

c) Legg de finknuste kjeksene på bunnen av en 13×9-tommers panne. Trykk dem jevnt ut for å danne skorpen. Avkjøl.

d) Deretter blander du kremost, sukker og vanilje i en stavmikser eller med en stavmikser. Bland til det er godt blandet.

e) Rør forsiktig inn pisket topping og hakkede kjeks. Hell røren over skorpen og fordel den jevnt utover. Dekke.

f) Avkjøl i 4 timer eller til den er stiv.

41. No-Bake Funfetti Oreo bursdagskake ostekake

Gjør: 12-14

INGREDIENSER
SKORPE
- 25 gyldne bursdagskake Oreos
- 2–3 ss dryss
- ¼ kopp smør, smeltet

FYLLING
- 24 oz kremost, romtemperatur
- ½ kopp sukker
- 1 ts vaniljeekstrakt
- 1 kopp Funfetti kakeblanding, ristet
- 2 ss melk
- 8 oz kjølig pisk
- 1 ½ kopper Golden Birthday Cake Oreo-smuler
- 7–10 Gylden bursdagskake Oreo, hakket
- 6 ss dryss

PISKET KREMTOPPING
- ¾ kopp kraftig kremfløte, kald
- 6 ss melis
- ½ ts vaniljeekstrakt
- Golden Birthday Cake Oreo-smuler, valgfritt
- Golden Birthday Cake Oreos, delt i to

BRUKSANVISNING

a) For å lage skorpen, tilsett Oreos og dryss i en foodprosessor.
b) Puls til de danner smuler.
c) Kombiner Oreo-smulene og dryss med det smeltede smøret og rør sammen til det er godt blandet.
d) Trykk smulene i bunnen og halvveis opp på sidene av en 9-tommers springform. Sett i kjøleskapet til det stivner.
e) For å lage fyllet, bland kremost og sukker i en stor bolle med en mikser til det er jevnt og godt blandet.
f) Tilsett vaniljeekstrakt, kakeblanding og melk og bland til det er godt blandet.
g) Brett inn Cool Whip.
h) Tilsett Oreo-smuler, hakkede Oreos og strø, og rør forsiktig til det er godt blandet.
i) Fordel fyllet jevnt i skorpen og glatt toppen. Sett i kjøleskapet til det er stivt, 4-5 timer.
j) Fjern ostekaken fra pannen.
k) For å lage pisket kremtopping, tilsett den tunge fløten, melis og vaniljeekstrakten i en stor bolle. Pisk på høy hastighet til det dannes stive topper.
l) Rør virvler av pisket krem rundt toppen av ostekaken. Topp med ekstra Oreo-smuler og Oreo-halvdeler, om ønskelig.
m) Avkjøl til servering.

42. No-Bake Kokosmakron ostekake

Gir: 8 porsjoner

INGREDIENSER
- ½ kopp vanlige søte kjeks
- ½ kopp kokosmakroner
- ½ kopp smør, smeltet
- 2 ts gelatin
- 1 ss vann
- 8-unse pakke med kremost, myknet
- ¼ kopp melis
- 1 kopp kokoskrem
- 1 ts finrevet limeskall
- 1 ½ ss limejuice

BRUKSANVISNING:

a) Bearbeid kjeks til den er fin; tilsett smør, og bearbeid til det er blandet. Press blandingen jevnt over bunnen og sidene av en 11 cm x 34 cm rektangulær riflet løs bunnform. Legg formen på et brett og frys ned mens du lager fyllet.

b) I mellomtiden drysser du gelatin over vannet i en liten varmebestandig mugge; sett kannen i en liten kjele med kokende vann. Rør til gelatinen er oppløst; avkjøl i 5 minutter.

c) Pisk kremost og melis i en liten bolle med en elektrisk mikser til den er jevn. Tilsett kokoskrem, skall og juice; pisk til glatt. Rør inn gelatinblandingen.

d) Hell blandingen i smulerskorpen. Dekke; avkjøl i ca 3 timer eller til stivnet.

43. No-Bake Choc Chip Cannoli ostekake

Gir: 8 porsjoner

INGREDIENSER:
- 4 gram cannoli-skjell
- ½ kopp sukker
- ½ kopp graham cracker smuler
- ⅓ kopp smør, smeltet

FYLLING:
- To 8 gram pakker med kremost, myknet
- 1 kopp konditorsukker
- ½ ts revet appelsinskall
- ¼ teskje malt kanel
- ¾ kopp delvis skummet ricottaost
- 1 ts vaniljeekstrakt
- ½ ts romekstrakt
- ½ kopp miniatyr semisweet sjokoladebiter
- Hakkede pistasjnøtter, valgfritt

BRUKSANVISNING:

a) Puls cannoli-skjell i en foodprosessor til det dannes grove smuler. Tilsett sukker, kjekssmuler og smeltet smør; puls bare til kombinert. Trykk på bunnen og oppsiden av en smurt 9-tommers. pai tallerken. Avkjøl til den er stiv, ca 1 time.

b) Pisk de første 4 fyllingrediensene til de er blandet. Pisk inn ricottaost og ekstrakter. Rør inn sjokoladebiter. Fordel i skorpen.

c) Avkjøl, tildekket, til stivnet, ca 4 timer. Om ønskelig, topp med pistasjnøtter.

44. No-Bake Double Chocolate Cheesecake

Gir: 8 skiver

INGREDIENSER:
FOR SKORPEN
- 6,1 unse boks med glutenfrie sjokoladekaker
- 1 ss granulert sukker
- ¼ teskje salt
- 2 ss usaltet smør, smeltet

TIL OSTEKAKEN
- 1¼ kopper halvsøte sjokoladebiter
- 1 pund kremost, ved romtemperatur
- ¾ kopp granulert sukker
- 3 store egg, i romtemperatur
- ¼ kopp rømme
- 2 ts glutenfri vaniljeekstrakt
- 1½ kopper vann
- Konditorsukker, til støvtørking

BRUKSANVISNING:

SKORPE

a) Spray en springform med nonstick-spray. Skjær en pergamentsirkel i samme størrelse som bunnen av formen og plasser den i formen. Spray pergamentet. Sette til side.

b) Legg kakene i bollen til en foodprosessor og kjør til de minner om grov sand. Hell kakesmulene i en middels bolle og tilsett sukker og salt. Rør for å kombinere. Tilsett det smeltede smøret og rør til blandingen henger sammen.

c) Trykk forsiktig smulene jevnt på bunnen av den tilberedte pannen. Bruk fingrene eller et glass med flat bunn for å presse skorpen på plass. Sett skorpen i fryseren mens du lager fyllet.

OSTEKAKE

d) I en middels mikrobølgeovnsikker bolle smelter du sjokoladebitene på høy effekt, rør hvert 30. sekund, til den er jevn og helt smeltet. La avkjøles litt.

e) I bollen til en stavmikser, pisk kremosten til den er jevn. Tilsett ¾ kopp granulert sukker og fortsett å piske. Tilsett eggene, ett om gangen, pisk i 1 minutt og skrap ned sidene av bollen etter hver tilsetning. Pisk inn rømme og vanilje til det er helt innarbeidet.

f) Med mikseren på lav hastighet, tilsett sakte den avkjølte smeltede sjokoladen. Bland helt inn.

g) Hell fyllet i den tilberedte skorpen. Bank fatet på benken for å fjerne luftbobler.

h) Plasser en understell i bunnen av den indre kjelen i trykkokeren og tilsett vannet.

i) Pakk bunnen av springformen godt inn i aluminiumsfolie. Spray lett et stykke folie med nonstick-spray og legg det over ostekaken. Bruk en folieslynge, senk kjelen ned på understellet.

j) Lukk og lås lokket, og pass på at damputløserknappen er i forseglingsposisjon. Kok på høyt trykk i 56 minutter. Når den er ferdig, bruk en hurtigutløser ved å vri utløserknappen til ventilasjonsposisjonen, og slipper ut all dampen. Når flytepinnen faller, lås opp lokket og åpne det forsiktig. Trykk på Avbryt.
k) Bruk folieslyngen og flytt ostekaken forsiktig til en rist. Etter 1 time, fjern folien og kjør en tynn kniv rundt kantene på ostekaken for å løsne den fra pannen.
l) Dekk til med plastfolie og avkjøl i minst 8 timer eller over natten, til den er helt stivnet.
m) Skjær i 8 skiver og server med et dryss konditorsukker på toppen.

45. No-Bake Mokka ostekake

Gjør: 12 skiver

INGREDIENSER
KEKS BASE
- 300 g digestives
- 150 g usaltet smør
- 25 g kakaopulver

OSTEKAKEFYLL
- 150 g melkesjokolade
- 2 ts leirkaffe
- 500 g helfet kremost
- 100 g melis
- 1 ts vaniljeekstrakt
- 300 ml dobbel krem

DEKORASJON
- 100 g melkesjokolade
- 150 ml dobbel krem
- 2 ss melis
- 1 ts leirkaffe
- Sprinkles

BRUKSANVISNING

FOR KEKSBASEN

a) Kjør fordøyelsen i en foodprosessor med kakaopulveret til det er en fin smule.

b) Bland kjeksen med det smeltede smøret og trykk ned i bunnen av en 20 cm dyp springform og avkjøl mens du lager fyllet!

FOR FYLLET

c) Smelt melkesjokoladen forsiktig og la den avkjøles litt til siden.

d) Bruk en elektrisk mikser og visp sammen kremost, vanilje og melis til en jevn masse.

e) Tilsett dobbelkremen og visp sammen til den holder seg.

f) Del blandingene i to boller. Til halvparten, tilsett den smeltede melkesjokoladen og bland den. I den andre legger du til leirkaffeekstraktet og blander til det også er kombinert.

g) Når de er blandet, hell blandingene tilfeldig på kjeksbunnen og virvl dem sammen. Glatt over toppen og avkjøl i 6+ timer for å stivne, eller helst over natten.

Å DEKORERE

h) Når den er satt, fjern den fra boksen. Pisk sammen den doble fløten, leirkaffeekstrakten og melis til den er tykk og rørbar.

i) Drypp over litt smeltet melkesjokolade, rør på litt av den deilige kaffepisket krem, og dryss på noen pene strø!

46. No-Bake Peanut Butter Cheesecake Bombs

Gjør: 12

INGREDIENSER:
- 6 gram kremost
- ⅓ kopp naturlig kremet peanøttsmør
- 2 ss Xylitol
- 1 ts vaniljeekstrakt
- 1 klype 1 kopp Heavy Cream
- ⅛ spiseskjeer Xanthan Gum
- 3 barer Double Chocolate Crunch Bar, Snack Caramel

BRUKSANVISNING:

a) For å gjøre ostekremen kremet, bruk en mikser satt på middels hastighet til å piske den mykede ostekremen. Kombiner den pulveriserte granulære sukkererstatningen, peanøttsmør og vanilje i en miksebolle til det er godt kombinert.

b) Tilsett 1 kopp tykk krem og ¼ teskje xantangummi, og pisk til blandingen er lett og luftig i konsistensen.

c) Lag tre segmenter av Atkins-stengene ved å skjære dem på langs og grovhakke dem. Bruk en 2-ss scoop på vokspapir som har blitt beleilig belagt med en bakeplate, brett ingrediensene inn i blandingen.

d) Sett i fryseren til den er helt frossen.

SVITTIGE OSTEKAKER

47. No-Bake Rum eggnog ostekake

Gjør: 1 porsjon

INGREDIENSER:
- 1¼ kopp vaniljewafere, finknust
- 3 ss Smør, smeltet
- ⅓ kopp sukker
- 1 pakke Unflavored gelatin
- 1 kopp eggedosis
- 4 eggeplommer, pisket
- ¼ teskje Malt muskatnøtt
- 16 gram kremost, myknet
- 2 ss rom
- 4 eggehviter
- ½ kopp sukker
- ½ kopp kremfløte
- Barbert sjokolade
- Knust vaniljevafer

BRUKSANVISNING:

a) Kombiner 1¼ kopper knuste wafere og smeltet smør i en liten miksebolle; kast for å blande godt sammen.

b) Trykk smuleblandingen inn i bunnen og ½ tomme opp sidene av en 9-tommers springform for å danne en fast jevn skorpe. Avkjøl i ca 1 time eller til den er stiv. Kombiner ⅓ kopp sukker og gelatin i en middels kjele.

c) Rør inn eggedosis, eggeplommer og muskatnøtt. Kok på middels varme under konstant omrøring til blandingen akkurat koker. Fjern fra varme. I en stor mikserskål, pisk kremost med en mikser på middels hastighet i 30 sekunder eller til den er myk. pisk gradvis inn gelatinblandingen. Rør inn rom eller melk.

d) Avkjøl til delvis stivnet. Pisk eggehviter på middels hastighet i en middels mikserbolle til myke topper dannes.
e) Tilsett det resterende sukkeret gradvis, pisk til stive topper. I en liten bolle pisk fløte til myke topper. Brett hvite og kremfløte inn i gelatinblandingen. Vend den inn i en smulekledd panne. Dekke; avkjøl til fast, 3 til 24 timer.
f) Løsne sidene av ostekaken fra pannen med en slikkepott; fjerne sidene.
g) Dryss barbert sjokolade eller oblatsmuler rundt den øverste kanten av ostekaken.

48. Ingen bake Margarita ostekake

Gir: 8 porsjoner

INGREDIENSER:
- 8 gram kremost, myknet
- 14 gram kan søtet kondensert melk
- ¼ kopp limejuice
- skall av 1 lime
- 2 ss tequila
- ¼ teskje Cointreau, appelsinbrennevin
- 8 gram balje med pisket topping, tint
- 1 ferdiglaget graham cracker skorpe

Å SERVERE:
- Ekstra pisket krem og limeskiver

BRUKSANVISNING:

a) Ta plastdekselet av ferdiglaget skorpe og sett det til side for senere.

b) I en stor miksebolle kombineres kremost og søtet kondensert melk med en elektrisk mikser til den er jevn. Når det er glatt, tilsett limejuice, limeskall, tequila og appelsinbrennevin, og bland til det er blandet. Brett inn pisket topping til det er innarbeidet. Hell blandingen i ferdiglaget skorpe og fordel i et jevnt lag. Dekk til med et plastdeksel som du har reddet fra skorpen og sett i kjøleskap i minst to timer, eller til det er stivnet.

c) Når du er klar til servering, tilsett virvler av pisket krem og biter av lime som er dyppet i sukker. Skjær i skiver og server.

d) Oppbevar rester av margarita ostekake i kjøleskapet i opptil 5 dager.

49. [No-Bake Pina colada ostekake](#)

Gir: 10 porsjoner

INGREDIENSER:
- 1 kokosskorpe
- 2 konvolutter med gelatin uten smak
- Sukker
- 6 gram ananasjuice
- 3 egg, separert
- Tre 8-unse pakker med kremost myknet
- ¼ kopp mørk jamaicansk rom
- ¼ ts kokosnøttekstrakt
- 20-unse boks med knust ananas
- 1 ss maisstivelse

BRUKSANVISNING:
a) Bland gelatin og ½ kopp sukker i en kjele. Tilsett ananasjuice. Stå i 1 minutt. Varm opp til gelatinen er oppløst, ca 5 minutter. Fjern fra varme.
b) Tilsett eggeplommer, en om gangen og pisk godt etter hver. Avkjøl litt. Pisk kremost til den er luftig.
c) Bland inn en gelatinblanding med rom og kokosnøttekstrakt.
d) Avkjøl raskt ved å sette blandingen over en bolle med isvann; rør til det tykner litt.
e) Pisk eggehviter til skum.
f) Tilsett gradvis ¼ kopp sukker til det dannes stive topper. Brett inn i gelatin. Vend til forberedt skorpe. Avkjøl over natten.
g) Kombiner udrenert ananas med 2 ss sukker og maisstivelse i en kjele. Kok, rør til det koker og tykner. Kul. Skje over ostekake.

50. No-Bake Vodka Toffee eple ostekake

Gir: 8-10 porsjoner

INGREDIENSER:
- 6 røde epler
- 1 ss sitronsaft
- 230 g Grantham pepperkaker eller peppernøtter
- 60 g smør, smeltet
- 300 ml dobbel krem
- 50 g melis
- 150 ml gresk yoghurt
- 310g lett myk ost
- 2 ss Toffee Vodka
- 3,5 gram granulert sukker

BRUKSANVISNING:

a) Skrell 4 av eplene og skjær dem i 1 cm biter. Ha i en glassbolle med sitronsaften og mikroovn på full effekt i 3 minutter. Rør godt om. Mikrobølgeovn i ytterligere 2-3 minutter til grøtaktig med noen små klumper. La avkjøle.

b) Kjør kjeksene i en foodprosessor til det dannes fine smuler. Tilsett smøret og blend til det er blandet. Kle bunnen av en 20 cm form med løs bunn med bakepapir. Ha i smulene og trykk flatt med baksiden av en skje. Avkjøl til nødvendig. Kle sidene av formen med en lang remse bakepapir.

c) Pisk sammen fløte og melis til det dannes myke topper. Ha yoghurt, myk ost, vodka og eplemos i en stor bolle og rør forsiktig til det er jevnt blandet – ikke slå for mye. Vend forsiktig inn kremen. Hell over bunnen, jevn med baksiden av en skje, og avkjøl over natten.

d) Kjernen og skjær de siste 2 eplene i tynne skiver. Tørk med en kjøkkenrull. Legg et ark med kjøkkenrull på en tallerken som kan brukes i mikrobølgeovn og legg halve epleskivene på toppen. Mikrobølgeovn på 800W i 3 minutter. Snu epleskivene, tørk med en kjøkkenrull og stek i mikrobølgeovnen i ytterligere 3 minutter til de er floppete og nesten tørre. Sett til side og gjenta med det resterende eplet.
e) Legg et ark med bakepapir på en rist. Ha sukkeret og 4 ss vann i en liten panne. Varm opp forsiktig uten å røre, til sukkeret smelter. Kok i 3-4 minutter til du har en honninggull karamell. Fjern fra varmen, tilsett ¼ av det tørkede eplet, rør til belegget, løft deretter ut en etter en, la overflødig karamell dryppe tilbake i pannen. Ordne på bakepapiret.
f) Gjenta tre ganger til. Hvis karamellen tykner, varm forsiktig i 20 sekunder.
g) Løft ostekaken over på en tallerken og fjern bakepapiret. Anrett karamell-epleskiver på toppen, dryss over knuste ingefærkjeks om du vil, og server.

BAKTE OSTEKAKER

51. Strawberry Cheesecake French Toast

Gir: 4 porsjoner

INGREDIENSER:
- ½ kopp kremost, myknet
- 2 ss melis
- 2 ss jordbærkonserver
- 8 skiver hvitt landbrød
- 2 egg
- ½ kopp halv og halv
- 2 ss sukker
- 4 ss smør, delt

BRUKSANVISNING:
a) Kombiner kremost og melis i en liten bolle; Bland godt. Rør inn syltetøy. Fordel kremostblandingen jevnt over 4 brødskiver; topp med resterende skiver for å danne smørbrød.
b) Pisk sammen egg, halvparten og sukker i en middels bolle; sette til side.
c) Smelt 2 ss smør i en stor panne på middels varme. Dypp hver sandwich i eggeblandingen, og dekker begge sider helt.
d) Stek 2 smørbrød om gangen i ett til 2 minutter per side, eller til de er gylne.
e) Smelt det resterende smøret og kok de resterende smørbrødene som anvist.

52. Blåbær sitron ostekake havre

Gir: 4 porsjoner

INGREDIENSER:
- ¼ kopp fettfri gresk yoghurt
- 2 ss blåbæryoghurt
- ¼ kopp blåbær
- 1 ts revet sitronskall
- 1 ts honning

BRUKSANVISNING:
a) Kombiner havre og melk i en 16-unse mason krukke; topp med ønsket pålegg.
b) Avkjøl over natten eller opptil 3 dager; server kald.

53. Jordbærostkakepannekaker

Gir: 4 porsjoner

INGREDIENSER:
- 1 kopp speltmel
- 2 ss sukkerfri vaniljepuddingblanding
- ½ ts bakepulver
- ½ ts natron
- ¾ kopp vanlig gresk yoghurt
- ½ kopp + 2 ss 2% lettmelk
- 1 stort egg
- 2 ss lønnesirup
- 1 kopp jordbær i tynne skiver

BRUKSANVISNING:
a) Tilsett mel, puddingblanding, bakepulver og natron i en bolle og visp for å kombinere.
b) I en annen bolle, visp yoghurt, melk, egg og lønnesirup til det er kombinert.
c) Tilsett de våte ingrediensene til de tørre ingrediensene og visp til de er godt blandet.
d) Rør forsiktig inn jordbærene.
e) La røren hvile i 2 til 3 minutter. Dette gjør at alle ingrediensene kommer sammen og gir røren en bedre konsistens.
f) Spray en non-stick panne eller stekepanne sjenerøst med vegetabilsk olje og varm opp på middels varme.
g) Når gryten er varm, tilsett røren ved hjelp av en ¼-kopps målebeger og hell røren i gryten for å lage pannekaken. Bruk målebegeret til å forme pannekaken.
h) Stek til sidene ser stivne ut og det dannes bobler i midten (ca. 2 til 3 minutter), og snu pannekaken.
i) Når pannekaken er stekt på den siden, fjerner du pannekaken fra varmen og legger den på en tallerken.
j) Fortsett disse trinnene med resten av røren

54. Frossen fiken ostekake

Gir: 12 skiver

INGREDIENSER:
- 1 kopp graham cracker smuler
- 1 kopp pluss 2 ss granulert sukker
- 4 ss smør, smeltet
- 2 kopper ricottaost, avrent
- 8 gram kremost
- 1 ss maisstivelse
- 4 store egg
- 2 ts vaniljeekstrakt
- Klyp salt
- ⅓ kopp fikensyltetøy

BRUKSANVISNING:

a) Forvarm ovnen til 340°F (171°C). Pakk innsiden av en 9-tommers (23 cm) springform med aluminiumsfolie. Spray med nonstick matlagingsspray og sett til side.
b) I en liten bolle, kombiner graham cracker smuler, 2 ss sukker og smør. Trykk inn i bunnen av den tilberedte pannen. Avkjøl i 30 minutter i kjøleskapet.
c) I en stor miksebolle, tilsett ricottaost, kremost, resterende 1 kopp sukker og maisstivelse. Bland godt med en elektrisk mikser på middels hastighet. Tilsett eggene ett om gangen, pisk på lav hastighet etter hver tilsetning. Tilsett vaniljeekstrakt og salt, og pisk på lav hastighet til det er innlemmet.
d) Fjern skorpen fra kjøleskapet. Hell røren i skorpen. Snurr forsiktig fikensyltetøy inn i ostekaken for en marmorert effekt. Plasser pannen i en større panne med varmt vann slik at springformen er halvt nedsenket.
e) Stek i 55 minutter til 1 time. Kaken skal være stivnet, men ha en liten bevegelse. Fjern fra den større pannen med vann og avkjøl på en rist til den når romtemperatur.
f) Skyv en smørkniv rundt innsiden av pannen for å skille ostekaken fra pannen, og løsne deretter den ytre delen av pannen. Avkjøl i 1 time, og frys deretter i 4 timer. La stå i romtemperatur i 10 til 15 minutter før du skjærer i skiver og serverer.
g) Oppbevaring: Oppbevares tett innpakket i plastfolie i fryseren i opptil 1 måned.

55. Vegansk bærostkake

Gjør: 6

INGREDIENSER:
- 4 (8 unser) pakker vegansk kremost
- 0,5 gram Agar Agar + 1 kopp varmt vann
- 3 gram vegansk sitrongelo + 1 kopp varmt vann
- ¼ kopp melis
- oblater
- Friske jordbær eller bringebær
- 2 bokser (3 unser hver) vegansk jordbærjello

BRUKSANVISNING:
a) I en kopp varmt vann, oppløs 2 pakker agar og 1 kopp sitrongelo.
b) Når osten er klar, pisk den i ca 2 minutter, eller til den er luftig. Agar Agar og gelé bør tilsettes litt om gangen.
c) Bland til alle klumper er borte. Tilsett sukkeret og fortsett å piske til alt er godt blandet.
d) Legg vaniljewafere på bunnen av springformen. Fyll pannen med kremostblandingen. Avkjøl i minst 2 timer.
e) Lag jordbærgelo med halvparten av vannmengden (1 kopp for hver boks, totalt 2 kopper fra to bokser). La avkjøling i noen minutter.
f) Legg jordbær på toppen av osteblandingen som er stivnet. Avkjøl til geléen stivner, og hell den over jordbærene.

56. Mango ostekake

Gir: 6 porsjoner

INGREDIENSER:
SKORPE
- 7 ark Graham kjeks, knust
- 2 ss usaltet smør, smeltet

FYLLING
- 1 pund kremost,
- ½ kopp mangomasse, pluss 1½ ts
- ½ kopp sukker
- 1 ss karripulver
- 2 ts universalmel
- 2 store egg pluss 1 eggeplomme

BRUKSANVISNING:
a) Fyll Instant Pot halvveis med vann og legg til dampstativet av ståltråd.
b) Kombiner Graham kjeks og smeltet smør i en kjøkkenmaskin til en jevn masse.
c) Fordel Graham-kjeksblandingen jevnt på bunnen av den tilberedte pannen. Fryse
d) For å lage fyllet, bland sammen kremost, 12-kopps mangomasse, karripulver, sukker og mel i en blender til den er jevn.
e) Sprekk i eggene
f) Fyll den frosne skorpen med fyllet.
g) Drypp de resterende 112 ss mangomasse på toppen.
h) Legg et 8-tommers ark med aluminiumsfolie over toppen av pannen og dekk det med et papirhåndkle.
i) Sett pannen på risten i Instant Pot.
j) Forvarm ovnen til høyt trykk i 37 minutter.
k) La ostekaken stå kjølig i ca en time på benken. Avkjøl.
l) Serveres kaldt, og skjæres i terninger.

57. Blåbær ostekake

Gjør: 10

INGREDIENSER:
FOR SKORPEN:
- 2 kopper knust glutenfrie graham-kjeks ¼ kopp hvitt sukker
- 6 ss usaltet smør, smeltet

FOR FYLLET:
- 2 ½ (8-unse) pakker med kremost, myknet
- ½ kopp honning
- 3 store egg
- 2 ss melk
- 1 ½ ts vaniljeekstrakt
- ¼ teskje salt

FOR COULIS:
- 250 g blåbær (eller andre bær om du foretrekker det)
- 100 ml / 6 ss vann
- 2 ss lønnesirup/agavenektar

BRUKSANVISNING:

a) Forvarm ovnen til 180C / 350F
b) Rør sammen skorpeingrediensene til det er godt blandet.
c) Hell skorpeblandingen i en 9-tommers rund springform og trykk den jevnt langs smøret og ca 1 tomme opp på sidene.
d) Stek skorpen i 8 minutter og sett deretter til avkjøling.
e) I en miksebolle, pisk kremost og honning sammen til en jevn masse.
f) I en separat bolle, pisk sammen egg, melk, vaniljeekstrakt og salt. Tilsett blandingen til kremostblandingen og bland godt.
g) Brett inn bjørnebærene og pass på at de ikke brytes opp.
h) Hell fyllet i den avkjølte skorpen og stek i 30 minutter eller til ostekaken akkurat har satt seg i midten.
i) La ostekaken avkjøles og fjern deretter sidene av springformen.
j) Avkjøl ostekaken i minst 4 timer før servering.
k) Lag coulisen ved å ha bærene i en kjele sammen med vannet og sirupen, og kok på middels varme i 2-3 minutter.
l) Ta av varmen og la den avkjøles. Du kan surre den opp for å bli jevn eller la den være som den er.
m) Topp ostekaken med coulis.

58. Tranebær appelsin ostekake

Gir: 12 porsjoner

INGREDIENSER:
- 1 kopp Graham-smuler
- 2 kopper Cottage cheese
- 1 pakke Lett kremost; 8 oz
- ⅔ kopp sukker
- ½ kopp vanlig yoghurt
- ¼ kopp mel; alle formål
- 2 kopper tranebær
- ½ kopp appelsinjuice
- 1 spiseskje Margarin; lett, smeltet
- 2 eggehviter
- 1 egg
- 1 ss appelsinskall; raspet
- 1 ts Vanilje
- ⅓ kopp sukker
- 2 ts maisstivelse

BRUKSANVISNING:
a) Kombiner skorpeingrediensene. Trykk over bunnen av den 9-tommers springformen.
b) Stek ved 325 grader F i 5 minutter.
c) I en foodprosessor blander du cottage cheese til den er jevn. Tilsett kremost og bearbeid til den er jevn. Tilsett de resterende fyllingsingrediensene; bearbeid til glatt. Hell i panne. Stek ved 325 grader F i 50 til 60 minutter eller til nesten satt i midten.
d) Kjør en kniv rundt kanten av kaken for å løsne den fra kanten. Avkjøl på rist. Slapp av.
e) Kombiner tranebær, appelsinjuice og sukker i en kjele. Kok opp under konstant omrøring. La deretter småkoke i 3 minutter eller til tranebærene begynner å poppe. Løs opp maisstivelse i 1 ss vann. Legg til pannen, kok og rør i 2 minutter.
f) Avkjøl toppingen, og fordel den over kaken før servering.

59. **Sitronskall ostekake**

Gir: 10 porsjoner

INGREDIENSER:
- 1 pund kremost
- 1½ kopp sukker; Granulert
- 2 egg
- ½ ts kanel; Bakke
- 1 ts sitronskall; Raspet
- ¼ kopp ubleket mel
- ½ ts salt
- 1 x konditorsukker
- 3 ss smør

BRUKSANVISNING:
a) Forvarm ovnen til 400 grader Fahrenheit. Rør sammen osten, 1 ss smør og sukkeret i en stor kum. Ikke tøs.
b) Tilsett eggene ett om gangen, pisk godt etter hver tilsetning.
c) Kombiner kanel, sitronskall, mel og salt. Smør pannen med de resterende 2 ss smør, fordel den jevnt med fingrene.
d) Hell røren i den tilberedte formen og stek ved 400 grader i 12 minutter, reduser deretter til 350 grader og stek i ytterligere 25 til 30 minutter. Kniven skal være fri for rester.
e) Når kaken er avkjølt til romtemperatur, dryss den med konditorsukker.

60. Opp-ned ananas ostekaker

Gir: 4 minikaker

INGREDIENSER:
- 1 ss usaltet smør
- ¼ kopp Graham cracker smuler
- ¾ kopp kremost myknet (6 oz)
- ¼ kopp + 1 ts sukker
- ¼ teskje Frisk revet sitronskall
- ¼ teskje vanilje
- 1 stort egg
- 1 ts maisstivelse
- ½ kopp Drenert hermetisk knust
- Ananas, reserver 1 t juice
- ½ kopp vann

BRUKSANVISNING:
a) I en liten kjele smelt smør over moderat varme, rør inn grahamssmuler, og del deretter blandingen mellom 4 papirlinjer ½ kopp muffinsformer, press inn for å danne en skorpe.
b) Stek skorpene midt i en forvarmet 350F ovn i 5 minutter, og la deretter avkjøles på rist i 5 minutter.
c) I en bolle med en elektrisk mikser, pisk sammen kremosten, ¼ kopp sukker, skallet og vaniljen til blandingen er godt blandet.
d) Tilsett egget, pisk inn til det er godt blandet, og del røren i formene. Stek ostekakene midt i en forvarmet 350F ovn i 20 minutter eller til de er stivnet, og la dem avkjøles på en rist i 10 minutter.
e) Mens ostekakene baker, løs opp maisstivelsen i den reserverte ananasjuicen i en liten bolle. La den knuste ananasen småkoke med vannet og de resterende 1 ts sukker i 5 minutter, eller til væsken er redusert til ca. 2 ss.
f) Rør maisennasblandingen og rør den inn i ananasblandingen.
g) La sausen småkoke under omrøring i 2 minutter, overfør den til en metallbolle satt i en større bolle med is og kaldt vann, og la den avkjøles, rør av og til.
h) Hell sausen på 2 tallerkener og vend ostekakene inn i sausen, kast papiret.

61. Mandarin ostekake

Gir: 2 porsjoner

INGREDIENSER:
- 1 kopp Graham kjeks; Knust
- 2 ss sukker
- 3 pakker 8 gram kremost; Myknet opp
- 4 egg
- 1 kopp sukker
- 1½ kopp rømme
- 2 ts Vanilje
- 2 ss smeltet smør
- 2 ss mandarinjuice
- 1 ss revet mandarinskall
- 2 ss sukker

BRUKSANVISNING:
a) Bland de første 3 ingrediensene grundig. Trykk inn i bunnen og sidene av den 8 x 3 springformen.
b) Stek i 5 minutter og avkjøl; (350 grader ovn). Skru nå ovnen til 250 grader. Plasser 1 pk. kremost og 1 egg i en stor mikserbolle; slå grundig.
c) Gjenta med gjenværende ost og egg, pisk godt etter hver tilsetning. Tilsett sukker gradvis vekselvis med juice. Pisk på middels hastighet i 10 minutter.
d) Rør inn skallet. Hell i skorpen og stek i 25 minutter. Slå av varmen; la kaken stå i ovnen i 45 minutter og ta deretter ut.
e) Skru nå ovnen til 350 grader. Bland ingrediensene til toppingen grundig. La stå i romtemperatur. Fordel forsiktig over varm kake.
f) Tilbake til forvarmet 350 graders ovn i 10 minutter. Delvis avkjølt på rist. Avkjøl over natten, hvis mulig.

62. Valnøtt ostekake

Gir: 10 porsjoner

INGREDIENSER:
- Sandkaker
- 2 kopper Cottage Cheese
- ½ kopp sukker; Granulert
- 2 ts maisstivelse
- ½ kopp valnøtter; hakket,
- 3 egg; Stor, adskilt
- ½ kopp rømme
- 1 ts sitronskall; Raspet

BRUKSANVISNING:
a) Forvarm ovnen til 325 grader F.
b) Press cottage cheesen gjennom en sil og la den renne av.
c) I en stor miksebolle, pisk eggeplommene til de er lyse og skummende, tilsett deretter sukkeret sakte, fortsett å piske til det er veldig lett og jevnt.
d) Tilsett cottage cheese til eggeblandingen, bland godt, og tilsett deretter rømme, maisstivelse, sitronskall og valnøtter (hvis ønskelig). Rør til alle ingrediensene er godt blandet og blandingen er jevn.
e) I en annen stor miksebolle, pisk eggehvitene til de danner myke topper, og vend dem deretter forsiktig inn i røren. Hell blandingen i den tilberedte skorpen og stek i ca 1 time.
f) Avkjøl til romtemperatur før servering.

63. Makadamia- og limelukekake

Gjør: 14

INGREDIENSER
OSTEKAKESKORPE
- ½ kopp macadamianøtter
- ½ kopp Honeyville mandelmel
- ¼ kopp kaldt smør
- ¼ kopp NÅ Erythritol
- 1 stor eggeplomme

FYLLING
- 8 gram kremost
- ¼ kopp smør
- ¼ kopp NÅ Erythritol
- ¼ teskje flytende stevia
- 1-2 ss Key Lime Juice
- 2 store egg
- Skal av 2 lime

BRUKSANVISNING:
a) Forvarm ovnen til 350F. Tilsett ½ kopp macadamianøtter i en foodprosessor.
b) Mal nøttene til en grov måltidskonsistens, og tilsett deretter ¼ kopp NOW erythritol.
c) Puls i noen øyeblikk og tilsett deretter ½ kopp Honeyville-mandelmel.
d) Puls igjen til alt er kombinert.
e) Del ¼ kopp kaldt smør i terninger og tilsett det i foodprosessoren. Puls igjen til blandingen begynner å klumpe seg.
f) Tilsett 1 eggeplomme og pulser igjen til all deigen klumper seg.
g) Ta deigen ut av kjøkkenmaskinen og elt sammen med hendene.

h) Bruk noen cupcakeformer av silikon (eller bare en vanlig smurt cupcakeform), fyll brønnene ca. ⅛ til ¼ av veien fulle. Dette avhenger av hvor tykk du liker skorpen din. Hvis du lager skorpen tynn, vil du kunne lage flere cheesecake cupcakes.
i) Stek skorpen i 5-7 minutter ved 350F. De skal ikke brunes når du tar dem ut, de vil se fete og dårlige ut.
j) Mens skorpen koker, pisk sammen 1 blokk med kremost (8 gram) og ¼ kopp smør.
k) Når smøret og kremosten er kombinert, tilsett de 2 eggene og bland igjen.
l) Tilsett ¼ kopp NÅ erytritol og ¼ ts flytende stevia og bland deretter igjen.
m) Til slutt tilsett skallet av ca 2 key limes og saften fra 2.
n) Bland igjen til det er helt kombinert.
o) Når skorpene er ute av ovnen, la de avkjøles i 3-5 minutter, og hell deretter blandingen i formene. Fyll dem så de gir litt plass på toppen fordi de hever seg etterhvert som de koker og kan velte.
p) Stek ostekakene i 30-35 minutter ved 350F.
q) Avkjøl ostekakene i 20-30 minutter og oppbevar dem deretter i kjøleskapet over natten.
r) Tilsett litt ekstra limeskall over toppen og server!

64. Blåbær ostekake

Gjør: 1 ostekake

INGREDIENSER:
SKORPE
- ½ kopp revet kokos
- 1 kopp ristede mandler
- 1 ss kokosolje, smeltet
- 1 ts vaniljeekstrakt

FYLLING
- 2 kopper cashewnøtter, bløtlagt i 12 timer, skylt og drenert
- 3 ss sitronsaft ved romtemperatur
- ½ kopp lønnesirup
- ½ kopp kokosolje, smeltet
- 8 dråper infundert olje - blåbærsmak
- 2 kopper friske blåbær

BRUKSANVISNING:
a) Kle en 9-tommers rund kakeform med bakepapir.
b) Kombiner skorpeingrediensene i en foodprosessor og kjør i 1 minutt.
c) Trykk skorpeblandingen på bunnen av den forberedte kakeformen.
d) Glaser skorpen og sett den i fryseren.
e) Bland alle ingrediensene til fyllet i en blender til en jevn masse.
f) Ta den frosne skorpen ut av fryseren og legg den på en bakeplate. Hell ostekakefyllet på toppen.
g) Frys ostekaken 30 minutter før servering.

65. Glutenfri ostekake med mandelmåltid

Gjør: En 7-tommers ostekake

INGREDIENSER:
FOR SKORPEN
- 2 kopper glutenfritt mandelmel
- ¼ teskje salt
- 1½ ss brunt sukker
- ¼ kopp usaltet smør, smeltet

TIL OSTEKAKEN
- 1 pund kremost, ved romtemperatur
- 2 ss maisstivelse
- ⅔ kopp granulert sukker En klype salt
- ½ kopp rømme, ved romtemperatur
- 2 ts glutenfri vaniljeekstrakt
- ⅛ teskje glutenfritt mandelekstrakt
- 2 store egg, i romtemperatur
- 1 kopp kaldt vann

BRUKSANVISNING:
SKORPE
a) Spray lett bunnen og sidene av en 7 x 3-tommers (18 x 7,6 cm) springform med nonstick matlagingsspray (den typen uten mel i den).
b) Klipp en sirkel av bakepapir i samme størrelse som bunnen av springformen. Plasser pergamentsirkelen på bunnen av pannen og spray lett med ekstra nonstick-spray. Sette til side.
c) Bland mandelmel, salt og brunt sukker i en liten bolle. Tilsett det smeltede smøret og rør med en gaffel til det henger sammen.
d) Hell skorpeblandingen i den forberedte pannen. Fordel med fingrene og trykk forsiktig ned for å danne et jevnt lag. Sett kjelen i fryseren mens du lager ostekakedeigen.

OSTEKAKE
e) I en middels miksebolle, pisk kremosten med en stavmikser på lav hastighet, til den er jevn. Kombiner maisstivelse, granulert sukker og salt i en liten miksebolle. Tilsett halvparten av sukkerblandingen i ostekremen og pisk til den akkurat er innlemmet. Skrap ned sidene av bollen med en slikkepott.
f) Tilsett den resterende sukkerblandingen og pisk til den akkurat er innlemmet. Tilsett rømme og vanilje- og mandelekstrakter i kremostblandingen. Pisk til det akkurat kommer sammen.
g) Tilsett eggene, ett om gangen, og skrap ned bollen godt etter hver tilsetning. Ikke bland for mye.
h) Fjern skorpen fra fryseren. Pakk bunnen av pannen godt inn med aluminiumsfolie for å forhindre lekkasjer. Hell kremostdeigen over skorpen. Bank lett på benkeplaten for å fjerne luftbobler.
i) Hell det kalde vannet i den indre kjelen i trykkokeren. Legg en bordskinne i gryten. Bruk en folieslynge til å plassere ostekakeformen forsiktig på toppen av understellet. Pass på at pannen ikke berører vannet.

j) Lukk og lås lokket, og pass på at damputløserknappen er i forseglingsposisjon. Kok på høyt trykk i 40 minutter. Når du er ferdig, bruk hurtigutløsermetoden ved å vri utløserknappen til ventilasjonsposisjonen og slippe ut dampen.
k) Når flytepinnen faller, låser du opp lokket og åpner det forsiktig. Tørk forsiktig overflaten av ostekaken med et papirhåndkle for å absorbere eventuell kondens.
l) Fjern forsiktig ostekaken og legg den på en rist til avkjøling.
m) Når ostekaken er helt avkjølt, plasser den i kjøleskapet i 6 til 8 timer eller over natten. Når du er klar til servering, fjern ostekaken fra kjøleskapet. Slipp sidene av springformen og kjør en tynn kniv mellom bakepapiret og skorpen, og skyv deretter forsiktig over på et serveringsfat.

66. Luftig japansk ostekake

Gjør: 1 ostekake

INGREDIENSER:
- Vanilje iskrem
- Brownieblanding, en boks
- Varm fudgesaus

BRUKSANVISNING:
a) Forvarm ovnen til 350 grader.
b) Skjær strimler av folie for å dekke jumbo-muffinsformene.
c) Legg strimler på kryss og tvers for å bruke som løftehåndtak når brownies er ferdige.
d) Spray folie i en panne med kokespray.
e) Tilbered browniedeig som beskrevet på pakken.
f) Fordel røren jevnt mellom muffinsformene. Muffinskopper blir omtrent ¾ fulle.
g) Plasser muffinsformen på den kantede bakeplaten og stek i forvarmet ovn i 40-50 minutter.
h) Ta ut av ovnen og avkjøl i pannen i 5 minutter, og overfør deretter til en avkjølingsrist i ytterligere ti minutter.
i) Det kan hende du må bruke en smørkniv eller glasurspatel for å løsne sidene på hver brownie og deretter løfte ut av muffinsformen ved hjelp av foliehåndtakene.
j) Server varm brownie på en tallerken toppet med en kule vaniljeis og varm fudgesaus.

67. Dobbel Chocolate Fudge Cheesecake

Gir: 8 skiver

INGREDIENSER:
FOR SKORPEN
- 6,1 unse boks med glutenfrie sjokoladekaker
- 1 ss granulert sukker
- ¼ teskje salt
- 2 ss usaltet smør, smeltet

TIL OSTEKAKEN
- 1¼ kopper halvsøte sjokoladebiter
- 1 pund kremost, ved romtemperatur
- ¾ kopp granulert sukker
- 3 store egg, i romtemperatur
- ¼ kopp rømme
- 2 ts glutenfri vaniljeekstrakt
- 1½ kopper vann
- Konditorsukker, til støvtørking

BRUKSANVISNING:
SKORPE
a) Spray en 7 x 3-tommers (18 x 7,6 cm) springform med nonstick-spray. Skjær en pergamentsirkel i samme størrelse som bunnen av formen og plasser den i formen. Spray pergamentet. Sette til side.
b) Legg kakene i bollen til en foodprosessor og kjør til de minner om grov sand. Hell kakesmulene i en middels bolle og tilsett sukker og salt. Rør for å kombinere. Tilsett det smeltede smøret og rør til blandingen henger sammen.
c) Trykk forsiktig smulene jevnt på bunnen av den tilberedte pannen. Bruk fingrene eller et glass med flat bunn for å presse skorpen på plass. Sett skorpen i fryseren mens du lager fyllet.

OSTEKAKE

d) I en middels mikrobølgeovnsikker bolle smelter du sjokoladebitene på høy effekt, rør hvert 30. sekund, til den er jevn og helt smeltet. La avkjøles litt.
e) I bollen til en stavmikser, pisk kremosten til den er jevn. Tilsett ¾ kopp (144 g) granulert sukker og fortsett å piske. Tilsett eggene, ett om gangen, pisk i 1 minutt og skrap ned sidene av bollen etter hver tilsetning. Pisk inn rømme og vanilje til det er helt innarbeidet.
f) Med mikseren på lav hastighet, tilsett sakte den avkjølte smeltede sjokoladen. Bland helt inn.
g) Hell fyllet i den tilberedte skorpen. Bank fatet på benken for å fjerne luftbobler.
h) Plasser en understell i bunnen av den indre kjelen i trykkokeren og tilsett vannet.
i) Pakk bunnen av springformen godt inn i aluminiumsfolie. Spray lett et stykke folie med nonstick matlagingsspray og legg (spraysiden ned) over ostekaken. Bruk en folieslynge, senk kjelen ned på understellet.
j) Lukk og lås lokket, og pass på at damputløserknappen er i forseglingsposisjon. Kok på høyt trykk i 56 minutter. Når den er ferdig, bruk en hurtigutløser ved å vri utløserknappen til ventilasjonsposisjonen, og slipper ut all dampen. Når flytepinnen faller, lås opp lokket og åpne det forsiktig. Trykk på Avbryt.
k) Bruk folieslyngen og flytt ostekaken forsiktig til en rist. Etter 1 time, fjern folien og kjør en tynn kniv rundt kantene på ostekaken for å løsne den fra pannen.
l) Dekk til med plastfolie og avkjøl i minst 8 timer eller over natten, til den er helt stivnet.
m) Skjær i 8 skiver og server med et dryss konditorsukker på toppen.

68. Japansk ostekake

Gjør: 1 kake

INGREDIENSER:
- 200 g hvit sjokolade
- 150 g crème fraîche
- 3 egg

BRUKSANVISNING:
a) Skill eggene og legg eggehvitene i fryseren.
b) Skjær sjokoladen i små biter og smelt dem i en dobbel kjele. La sjokoladen avkjøles litt.
c) Bland inn eggeplommene og crème fraîche. Rør til det har dannet seg en kremet masse.
d) Ta eggehviten ut av fryseren, pisk den inn i eggehviten og vend den forsiktig inn i massen.
e) Ha deigen i en springform og stek den ved 180 °C i minutter. Reduser deretter varmen til 150 °C og stek i ytterligere 15 minutter.
f) La den til slutt hvile i 15 minutter i den avslåtte ovnen.

69. Gresskar ostekake

Gjør: 1 ostekake

INGREDIENSER:
- 1 ½ kopper knuste gingersnap-kjeks
- 1 ss smeltet smør
- 2 blokker kremost (16 gram totalt) ved romtemperatur
- ½ kopp gresskarpuré
- 1 ss mel
- ¼ kopp lønnesirup
- ¼ kopp brunt sukker
- 1 ts gresskarkrydder
- 2 egg (romtemperatur)

BRUKSANVISNING:
a) Bland gingersnap og smør i en bolle. Sette til side.
b) I en avtakbar bunnpanne (eller springform) kles med bakepapir. Hell knust gingersnap-blanding i pannen og flat den ut med et glass med flat bunn. Sett i kjøleskapet for å stivne.
c) I en annen bolle blander du kremost, gresskarpuré, mel, lønnesirup, brunt sukker og gresskarkrydder til en jevn masse. Deretter blander du et egg, ett om gangen og blander det til det akkurat er blandet. Avslutt med en slikkepott. Hell i forberedt kakeform og dekk med folie.
d) Tilsett 1 kopp vann i multipotten og sett ostekakeformen inn i understellet. Senk ned i den indre kjelen og lukk lokket. Flytt trykkmåleren for å forsegle og slå på kakefunksjonen i 30 minutter.
e) Når du er ferdig, slipper du til raskt trykk og åpner lokket i noen minutter for å slippe ut resten av dampen. Slå av maskinen og lukk lokket.
f) La den gå ned til temp naturlig i en time og fjern ostekaken. Sett i kjøleskapet i minst 4-5 timer for å avkjøle. Nyt!

70. Pumpkin Patch Cheesecake

Gjør: 12
INGREDIENSER:
- 1 (16,6 unse) pakke med appelsinkremfylte sjokoladekaker
- 4 ss smør, smeltet
- 3 (8-unse) pakker med kremost, myknet
- 1-¼ kopper sukker, delt
- 4 egg
- 2 ts vaniljeekstrakt, delt
- 1 (16 unse) beholder med rømme
- 5 dråper rød matfarge
- 10 dråper gul matfarge

BRUKSANVISNING:
a) Forvarm ovnen til 350 grader F. Plasser 23 informasjonskapsler i en gjenlukkbar plastpose. Bruk en kjevle, knus informasjonskapsler og legg smuler i en middels bolle med smør; bland godt og fordel deretter blandingen i bunnen av en 10-tommers springform. Avkjøl til du er klar til å fylle.
b) I en stor bolle, med en elektrisk visp på middels hastighet, pisk kremost og 1 kopp sukker til det er kremaktig. Tilsett eggene ett om gangen, pisk godt etter hver tilsetning, tilsett deretter 1 ts vanilje og bland godt.
c) Sett til side 2 kjeks til pynt, og del deretter opp de resterende 8 kjeksene. Rør kakebiter inn i kremostblandingen og hell deretter i skorpen.
d) Stek i 55 til 60 minutter, eller til den er fast. Ta ut av ovnen og la avkjøles i 5 minutter.
e) I mellomtiden, i en middels bolle, bruk en skje, rør sammen rømme, det resterende sukkeret og vaniljen og matfargen til det er godt kombinert. Fordel rømmeblandingen forsiktig over toppen av ostekaken og stek deretter i 5 minutter til.
f) La avkjøles og avkjøl over natten eller minst 8 timer. Dekorer gresskaransiktet med reserverte 2 informasjonskapsler.
g) Server umiddelbart, eller dekk til til servering

71. Gresskarpai ostekakeboller

Gjør: 4

INGREDIENSER:
- 4 gram kremost, myknet
- 1 kopp vanlig gresk yoghurt, pluss mer til topping
- 1 kopp gresskarpuré
- ¼ kopp lønnesirup
- 1 ts vaniljeekstrakt
- 2 ts malt kanel
- 1 ts malt ingefær
- ½ ts malt muskatnøtt
- Fint havsalt
- 1 kopp granola
- Ristede gresskarkjerner
- Hakkede pekannøtter
- Granateple arils
- Kakaonibs

BRUKSANVISNING:
a) Tilsett kremost, yoghurt, gresskarpuré, lønnesirup, vanilje, krydder og en klype salt i bollen til en foodprosessor eller blender, og kjør til den er jevn og kremaktig. Ha over i en bolle, dekk til og avkjøl i kjøleskapet i minst 4 timer.
b) For å servere deler du granolaen mellom dessertskåler. Topp med gresskarblandingen, en klatt gresk yoghurt, gresskarkjerner, pekannøtter, granateple og kakaonibs.
c) Tilsett farro, 1¼ kopper (295 ml) vann og en sjenerøs klype salt i en middels kjele. Kok opp, reduser deretter varmen til lav, dekk til og la det småkoke til farroen er mør med en liten tygging, ca. 30 minutter.
d) Kombiner sukkeret, de resterende 3 ss (45 ml) vann, vaniljestang og frø og ingefær i en liten kjele over middels høy varme. Kok opp, visp til sukkeret er oppløst. Fjern fra varmen og la det trekke i 20 minutter. Forbered frukten i mellomtiden.

e) Skjær av endene på grapefrukten. Sett på en flat arbeidsflate med kuttesiden ned. Bruk en skarp kniv til å skjære bort skallet og den hvite delen, følg kurven til frukten, fra topp til bunn. Skjær mellom membranene for å fjerne segmentene av frukten. Gjenta den samme prosessen for å skrelle og segmentere blodappelsinen.

f) Fjern og kast ingefær og vaniljestang fra sirupen. For å servere, del farroen mellom boller. Plasser frukten rundt toppen av bollen, dryss over granateplebær, og drypp deretter over ingefær-vaniljesirup.

72. **Mini Monster ostekaker**

Gjør: 24 mini ostekaker

INGREDIENSER:
- 24 appelsinkremfylte sjokoladekaker
- 3 (8-unse) pakker med kremost, myknet
- ¼ kopp smør smeltet 2
- teskjeer vaniljeekstrakt
- 14-unse boks med søtet kondensert melk
- 3 egg

BRUKSANVISNING:
a) Forvarm ovnen til 300 grader F. Linje 24 muffinskopper i vanlig størrelse med bakepapir.
b) Legg en kake i bunnen av hver papirkopp.
c) I en stor bolle, med en elektrisk visp på middels hastighet, pisk kremost, smør og vanilje til det er kremaktig. Tilsett sakte søtet kondensert melk og deretter eggene til de er grundig blandet. Hell røren i bakebeger til den er nesten full.
d) Stek i 25 til 30 minutter, eller til stivnet. Avkjøl helt og avkjøl deretter til servering.

73. Individuelle Key Lime ostekaker

Gjør: 6 individuelle ostekaker

INGREDIENSER:
FOR SKORPEN
- 1¼ kopper malte glutenfrie sandkaker
- 1½ ts brunt sukker
- 2 ss usaltet smør, smeltet Klype salt

TIL OSTEKAKEN
- 8 gram kremost, ved romtemperatur
- 1 ss maisstivelse
- ⅓ kopp granulert sukker
- Klype salt
- 1 ss Key lime juice
- ¼ kopp rømme, ved romtemperatur
- 1 ts glutenfri vaniljeekstrakt
- 1 ss finrevet Key lime-skall, pluss mer til garnering
- 1 stort egg, i romtemperatur
- 1½ kopper vann
- Pisket krem, til pynt

BRUKSANVISNING:
SKORPE
a) Spray lett innsiden av seks 4-ounce (115 g) murglass med nonstick-spray.
b) Bland de knuste kjeksene, brunt sukker, smør og salt i en liten bolle. Fordel kakeblandingen jevnt mellom mason-glassene. Press kakebunnen forsiktig mot bunnen av glassene.

OSTEKAKE
c) I en middels miksebolle, pisk kremosten med en stavmikser på lav hastighet, til den er jevn. Kombiner maisstivelse, granulert sukker og salt i en liten miksebolle. Tilsett sukkerblandingen til

kremosten og pisk til den akkurat er innlemmet. Skrap ned sidene av bollen med en slikkepott.

d) Tilsett limejuice, rømme, vanilje og limeskall til kremostblandingen. Pisk til det akkurat kommer sammen. Tilsett egget; rør til akkurat blandet. Ikke bland for mye.
e) Fordel ostekakedeigen likt mellom glassene. Bank glassene lett mot disken for å slippe ut eventuelle store luftbobler.
f) Tilsett vannet i bunnen av den indre kjelen. Plasser en understell i gryten. Plasser de fylte glassene på understellet, pass på at sidene av glassene ikke berører hverandre eller sidene av potten. Du skal kunne passe fem rundt kantene og ha plass til en krukke i midten. Legg lett et stort stykke folie over alle glassene.
g) Lukk og lås lokket, og pass på at damputløserknappen er i forseglingsposisjon. Kok på høyt trykk i 4 minutter. Når koketiden er ferdig, la en naturlig frigjøring i 10 minutter, flytt deretter knappen til ventilasjonsposisjonen og slipp ut eventuell gjenværende damp.
h) Når flytepinnen faller, lås opp lokket og åpne det forsiktig. Trykk på Avbryt.
i) Fjern folien og absorber eventuell kondens på overflaten av ostekakene ved å tørke dem forsiktig med et papirhåndkle.
j) La ostekakene avkjøles inne i kjelen i 30 minutter, ta dem deretter ut på en rist og la dem avkjøles til de når romtemperatur.
k) Dekk ostekakene med plastfolie og legg dem i kjøleskapet i minst 6 til 8 timer, gjerne over natten.
l) Server pyntet med pisket krem og ekstra limeskall.

74. [Kartong Eske Ostekake](#)

Gir: 4 porsjoner

INGREDIENSER:
- 2 (8 unser) pakker med kremost
- ½ kopp sukker
- 1 ts vanilje
- 1 eggeplomme
- 2 bokser halvmåneruller
- 1 eggehvite

BRUKSANVISNING:
a) Bland de første 4 ingrediensene.
b) Åpne 1 boks med halvmåneruller. Klem sammen sømmene og bruk en kjevle til å spre dem ut på et kakepapir.
c) Legg fyllet over halvmånerulleskorpen, og la ½ tomme stå igjen i kantene.
d) Åpne den andre boksen med halvmåneruller, og klyp sømmene.
e) Kjevle ut på bordet, i samme størrelse som kakeplaten. Legg på tvers av fyllet.
f) Bruk en gaffel til å forsegle kantene.
g) Pisk eggene hvite til de er skummende. Pensle på toppen.
h) Stek i pappeskeovn i 30 minutter på 350 grader.

75. Low-Carb key lime ostekaker

Gir: 4 porsjoner

INGREDIENSER:
OSTEKAKESKORPE
- ½ kopp macadamianøtter
- ½ kopp mandelmel
- ¼ kopp kaldt smør
- ¼ kopp Erythritol
- 1 stor eggeplomme

NØKKELKALKFYLL
- 6 gram kremost
- ¼ kopp smør
- ¼ kopp NÅ Erythritol
- ¼ teskje flytende stevia
- 1-2 ss Key Lime Juice
- 2 store egg
- Zest av 2 Key Limes

BRUKSANVISNING:
a) Forvarm ovnen til 350F. Tilsett ½ kopp macadamianøtter i en foodprosessor.
b) Mal nøttene til en grov måltidskonsistens, og tilsett deretter ¼ kopp NOW erythritol.
c) Puls i noen øyeblikk og tilsett så mandelmelet.
d) Puls igjen til alt er kombinert.
e) Del ¼ kopp kaldt smør i terninger og tilsett det i foodprosessoren. Puls igjen til blandingen begynner å klumpe seg.
f) Tilsett 1 eggeplomme og pulser igjen til all deigen klumper seg.
g) Ta deigen ut av kjøkkenmaskinen og elt den sammen med hendene.

h) Bruk noen cupcakesformer av silikon, fyll brønnene ca. ⅛ til ¼ av veien fulle. Dette avhenger av hvor tykk du liker skorpen din. Hvis du lager skorpen tynn, vil du kunne lage flere cheesecake cupcakes.
i) Stek skorpen i 5-7 minutter ved 350F. De skal ikke brunes når du tar dem ut, de vil se fete og dårlige ut.
j) Mens skorpen koker, pisk sammen 1 blokk med kremost (8 gram) og ¼ kopp smør.
k) Når smøret og kremosten er kombinert, tilsett de 2 eggene og bland igjen.
l) Tilsett ¼ kopp NÅ erytritol og ¼ ts flytende stevia og bland deretter igjen.
m) Til slutt tilsetter du skallet av ca 2 key limes og saften fra 2 (dette er ca 2 ss juice). Bland igjen til det er helt kombinert.
n) Når skorpene er ute av ovnen, la de avkjøles i 3-5 minutter, og hell deretter blandingen i formene. Fyll dem så de gir litt plass på toppen fordi de hever seg etterhvert som de koker og kan velte.
o) Stek ostekakene i 30-35 minutter ved 350F.
p) Avkjøl ostekakene i 20-30 minutter og oppbevar dem deretter i kjøleskapet over natten.
q) Tilsett litt ekstra limeskall over toppen og server!

76. **Cottage cheese ostekake**

Gjør: 8

INGREDIENSER:
FOR SKORPE
- ¼ kopp hard margarin, smeltet
- 1 kopp magre graham cracker smuler
- 2 ss hvitt sukker
- ¼ spiseskje kanel

TIL KAKE
- 2 kopper lav-fett cottage cheese, purert
- 3 ss universalmel
- 1 ts vaniljeekstrakt
- 2 egg
- ⅔ kopp hvitt sukker

BRUKSANVISNING:
a) Gjør ovnen klar ved å forvarme den til 325 grader Fahrenheit.
b) Kombiner smeltet margarin, graham cracker smuler, sukker og kanel.
c) Fyll en 10-tommers springform halvveis med skorpeblandingen.
d) Bland myknet cottage cheese, melk, egg, mel, vanilje og sukker til det er godt blandet.
e) Hell blandingen i paibunnen.
f) Stek i 60 minutter i ovnen.

77. No-bake gresskar skorpe ostekake

Gir: 2 porsjoner

INGREDIENSER:
FOR SKORPEN
- Butikkkjøpt gresskarskorpe

FOR FYLLET
- 6 gram kremost
- ⅓ kopp gresskarpuré
- 2 ss rømme
- ¼ kopp tung krem
- 3 ss smør
- ¼ ts gresskarpai-krydder
- 25 dråper flytende stevia

BRUKSANVISNING:
a) Legg deigen i miniterteformene dine.
b) Kjør alle fyllingsingrediensene med en blender og avkjøl.
c) Etter ca 5 timer, skjær i skiver og topp med pisket krem.

78. Ingen bake blandet bær yuzu ostekake

Gjør: 6

INGREDIENSER
SKORPE:
- 1 ½ Graham Crumbs
- 4 ss smeltet smør

SITRONOSTEKAKKEFYLL:
- 16 gram kremost, romtemp
- ½ kopp rømme
- 1 ss melk
- 1 ts vaniljeekstrakt
- 1 kopp sunt organisk pulverisert sukker
- yuzu zest
- 1 ss yuzu juice

BRINGEBÆRSAUS
- 2 ss sunt økologisk rørsukker
- 1 ss yuzu juice
- 1 kopp blandede bær
- Topping: Pisket krem, fersk sitronskive og bringebær

BRUKSANVISNING:
FOR Å LAGE SKORPE:
a) Tilsett grahamssmuler med smeltet smør i en bolle. Bland godt og sett til side.

FOR Å LAGE SITRONOSTEKAKKEFYLLET:
b) Tilsett kremost, rømme, melk og vaniljeekstrakt i en bolle.
c) Miks på høy med en stavmikser til den er jevn.
d) Tilsett melis, yuzuskall og yuzujuice og bland igjen.
e) Skrap ned bollen, og legg deretter i en sprøytepose.

FOR Å LAGE BRINGEBÆRSAUS:
f) Tilsett sukker, yuzujuice og friske bringebær i en middels kjele.
g) Bland og kok på middels varme til bringebær slipper saft og sausen tykner.
h) Fjern fra varmen og la den avkjøles helt.

Å SETTE SAMMEN:
i) I en 4 gram mason krukke, tilsett 2-3 ss av graham crust blandingen og tamp ned.
j) Rør deretter i ostekakeblandingen.
k) Rist glasset for å flate ut ostekakeblandingen.
l) Tilsett en skje bringebærsaus, og topp med pisket krem, sitronskive og bringebær. Nyt!

79. Cheesecake Cupcakes

Gir: 12 porsjoner

INGREDIENSER:
- 12 Gingersnap cookies
- 8 gram fettfattig kremost
- ¼ kopp sukker
- 1 ts vaniljeekstrakt
- 6 gram fettfri vanilje gresk yoghurt
- 2 ts appelsinskall
- 2 eggehviter
- 1 ss universalmel

BRUKSANVISNING:
a) Gjør ovnen klar ved å forvarme den til 350 grader Fahrenheit. I en 12-kopps muffinsform, linje cupcake liners.
b) I hver cupcake-fôr legger du en gingersnap.
c) Bruk en elektrisk mikser, visp kremost, sukker og vanilje til en jevn masse.
d) I en separat bolle, visp sammen yoghurt, appelsinskall, eggehviter og mel til det knapt er blandet.
e) Hell halvparten av røren i muffinsformer.
f) Stek i 20-25 minutter til nesten stivnet i midten.
g) Avkjøl i minst 1 time etter avkjøling til romtemperatur. Tjene.

80. Custard Cup Cheesecake cupcakes

Gir: 16 porsjoner

INGREDIENSER:
- 3 pakker 8 oz kremost
- 1 kopp sukker
- 1 ss vanilje
- 3 egg
- 1 kopp rømme
- Vaniljesaus kopper

BRUKSANVISNING:
a) La kremost stå ute for å myke. Pisk til en jevn røre med sukker og vanilje. Tilsett egg, ett om gangen, pisk høyt. Vend inn rømme.
b) Vil lage mer enn en 9" graham cracker skorpe vil holde, så fyll den til randen, og stek deretter resten i vaniljesausbeger.
c) Stek ved 350F i 30-35 minutter, eller til skorpen er gyllenbrun og tannpirken kommer ren ut.

81. **Ostekakebarer**

Gir: 6 porsjoner

INGREDIENSER:
SKORPE
- 1¼ kopp graham crumb kjeks
- ¼ kopp sukker

FYLLING
- 2 kopper kremost
- 4 ss melk
- 1 kopp sukker
- 2 egg
- 2 ss sitronsaft
- 1 ts vanilje

BRUKSANVISNING:
SKORPE
a) Bland og trykk godt mot bunnen av en 13 x 9 panne.
b) Reserver noen til topping.
c) Stek i 8 minutter ved 350 grader F.

FYLLING
d) Bland ingrediensene og fordel dem på toppen av den bakte skorpen.
e) Dryss resterende smuler på toppen.
f) Stek i 20 minutter ved 350 grader F.
g) Avkjøl og frys godt.

82. Gresskar ostekake barer

Gjør: 2 dusin

INGREDIENSER:
- 16 unser pund kakeblanding
- 3 egg, delt
- 2 ss margarin, smeltet og litt avkjølt
- 4 ts gresskarpaikrydder, delt
- 8-ounces pakke kremost, myknet
- 14 unser boks med søtet kondensert melk
- 15 gram kan gresskar
- ½ ts salt

BRUKSANVISNING:
a) I en stor bolle kombinerer du tørr kakeblanding, ett egg, margarin og 2 ts gresskarpaikrydder; bland til smuldrete. Trykk deigen i en smurt 15"x10" gelérullform. I en separat bolle, pisk kremost til det er luftig.

b) Pisk inn kondensert melk, gresskar, salt og resterende egg og krydder. Bland godt; spredt over skorpen.

c) Stek ved 350 grader i 30 til 40 minutter.

d) Kul; avkjøl før du skjærer dem i barer.

83. Frosne sjokolade peanøttsmør ostekake bomber

Gjør: 12

INGREDIENSER:
- 6 gram kremost
- ⅓ kopp naturlig kremet peanøttsmør
- 2 ss Xylitol
- 1 ts vaniljeekstrakt
- 1 klype 1 kopp Heavy Cream
- ⅛ spiseskjeer Xanthan Gum
- 3 barer Double Chocolate Crunch Bar, Snack Caramel

BRUKSANVISNING:
a) For å gjøre ostekremen kremet, bruk en mikser satt på middels hastighet til å piske den mykede ostekremen.
b) Kombiner den pulveriserte granulære sukkererstatningen, peanøttsmør og vanilje i en miksebolle til det er godt kombinert.
c) Tilsett 1 kopp tykk krem og ¼ teskje xantangummi, og pisk til blandingen er lett og luftig i konsistensen.
d) Lag tre segmenter av Atkins-stengene ved å skjære dem på langs og grovhakke dem. Bruk en 2-ss scoop på vokspapir som har blitt beleilig belagt med en bakeplate, brett ingrediensene inn i blandingen.
e) Sett i fryseren til den er helt frossen.

84. Bringebærostkaketrøfler

Gjør: 10

INGREDIENSER:
- 2 ss tung krem
- 8 gram kremost, myknet
- ½ kopp pulverisert Swerve
- Klype havsalt
- 1 ts vaniljestevia
- 1 ½ ts bringebærekstrakt
- 2-3 dråper naturlig rød matfarge
- ¼ kopp kokosnøttolje, smeltet
- 1 ½ kopper sjokoladebiter, sukkerfri

BRUKSANVISNING:
a) For å begynne, bruk en mikser til å blande swerve og kremost grundig til den er kremaktig.
b) Kombiner krem, bringebærekstrakt, stevia, salt og konditorfarge i en stor miksebolle.
c) Vær sikker på at alt er godt kombinert.
d) Tilsett kokosolje og bland på høy til alt er grundig kombinert.
e) Ikke glem å skrape ned sidene av bollen så ofte du trenger å fullføre. La den stå i kjøleskapet i en time. Hell røren i en kakeskje som er omtrent ¼-tommer i diameter, og deretter på en bakeplate som er tilberedt med bakepapir.
f) Frys denne blandingen i en time, og trekk den deretter med smeltet sjokolade for å gjøre den ferdig! Den bør settes i kjøleskapet en time til for å stivne før servering.

85. Småkaker og kremostkakebiter

Gjør: 8

INGREDIENSER:
GRUNNLAG FOR KAPITALJER:
- ½ kopp mandelmel
- 4 ss kakaopulver
- ½ ts vaniljeekstrakt
- 1 ts bakepulver
- 1 egg
- 1 ss kokosolje eller klarnet smør

FLETEOSTFYLL:
- ½ kopp mandelsmør
- 1 kopp kremost
- ¼ ts vaniljeekstrakt
- En klype vaniljestangpasta

BRUKSANVISNING:
TIL DEIG:
a) Forvarm ovnen til 180 grader Celsius.
b) I en middels bolle blander du mandelmel, kakao, vaniljeekstrakt, salt og bakepulver.
c) I en stor miksebolle blander du egget og kokosolje til det er godt blandet.
d) Ta ut kjeksene og legg dem på en stekeplate kledd med bakepapir.
e) Stek i 12 til 15 minutter eller til de er sprø.

FOR FYLLET:
f) Bland alle ingrediensene i bollen til en stavmikser og kjør til en jevn masse.
g) Tilsett halvparten av de knuste kjeksene.
h) Øs ut en skje ostekakefyll med en skje og legg den på toppen av de resterende kakesmulene.
i) Sørg for at kremostbiten er helt dekket med kjeksen ved å rulle den sammen. Sett dem i fryseren.

86. Air Fryer ostekakebiter

Gjør: 12

INGREDIENSER:
- 200 g kremost
- ½ kopp Natvia
- 1 ts vaniljeekstrakt
- ½ kopp mandelmel

BRUKSANVISNING:
a) Forvarm airfryeren til 180ºC i 3 minutter.
b) Skjær ostekremen i terninger og legg i en bolle.
c) Tilsett Natvia (behold 2 ss til senere) og vanilje og bland til en fin og jevn. Avkjøl i 15 minutter.
d) Trill til 16 like store kuler.
e) Bland mandelmelet med 2 ss Natvia i en liten bolle.

87. Gresskarpai ostekake terte

Gjør: 1

INGREDIENSER:
SKORPEN
- ¾ kopp mandelmel
- ½ kopp linfrømel
- ¼ kopp smør
- 1 ts Pumpkin Pie Spice
- 25 dråper flytende stevia

FYLLET
- 6 gram vegansk kremost
- ⅓ kopp gresskarpuré
- 2 ss rømme
- ¼ kopp vegansk tung krem
- 3 ss smør
- ¼ ts gresskarpai-krydder
- 25 dråper flytende stevia

BRUKSANVISNING:
a) Kombiner alle de tørre ingrediensene til skorpen og rør grundig.
b) Mos sammen de tørre ingrediensene med smør og flytende stevia til en deig dannes.
c) Rull deigen til små kuler til miniterteformene.
d) Trykk deigen mot siden av terteformen til den når og går opp på sidene.
e) Kombiner alle fyllingrediensene i en miksebolle.
f) Bland ingrediensene til fyllet med en stavmikser.
g) Når fyllingrediensene er jevne, fordel dem i skorpen og avkjøl.
h) Ta ut av kjøleskapet, skjær i skiver og topp med kremfløte om ønskelig.

88. **Amaretto ostekake terter**

Gir: 24 porsjoner

INGREDIENSER:
- ⅓ kopp solsikkefrø eller mandler finmalt
- 8 gram kremost
- 1 egg
- ⅓ kopp Usøtet strimlet kokosnøtt
- 2 ss honning
- 2 ss Amaretto likør

BRUKSANVISNING:
a) Kle koppene til to muffinsformer med papirliner (ett dusin hver). Kombiner solsikkekjerner og kokosnøtt. Legg 1 teskje av denne blandingen i hver liner.
b) Trykk ned med baksiden av en skje for å dekke bunnene.
c) Forvarm ovnen til 325F.
d) For å lage fyllet, kutt kremosten i 8 blokker og bland med egg, honning og Amaretto i en foodprosessor, blender eller miksebolle til den er jevn og kremaktig.
e) Legg en spiseskje av fyllet i hver tartelettbeger og stek i 15 minutter

89. Ostekake-is

Gjør: 1 halvliter

INGREDIENSER:
- 1 gelatinplate
- 1 kopp melk
- ½ porsjon flytende ostekake
- 1 ss rømme
- ½ kopp servering av Graham Crust
- ¼ kopp melkepulver
- ½ ts kosher salt

BRUKSANVISNING:
a) Blom gelatinen.
b) Varm litt av melken og visp inn gelatinen for å løse seg opp.
c) Overfør gelatinblandingen til en blender, tilsett den resterende melken, den flytende ostekaken, rømme, grahamsskorpe, melkepulver og salt, og puré til den er jevn og jevn.
d) Hell iskrembunnen gjennom en finmasket sil inn i iskremmaskinen din og frys i henhold til produsentens anvisninger.

90. Ostekake sorbet

Gir: 8 porsjoner

INGREDIENSER:
- 1 kopp granulert sukker
- 2 kopper kjernemelk
- 1 ts revet sitronskall
- ¼ kopp sitronsaft

BRUKSANVISNING:
a) Bland alle ingrediensene til sukkeret er oppløst.
b) Hell i 1-quart iskremfryser.
c) Frys i henhold til produsentens anvisninger.

91. Oppskrift på ostekakeis

Gir: 6 porsjoner

INGREDIENSER:
- 4 gram kremost ved romtemperatur4 gram kremost ved romtemperatur
- ¼ kopp vann
- ¼ kopp Swerve konditorer
- 1 ½ ts ren vaniljeekstrakt
- ¼ ts fersk sitronsaft
- 10 dråper flytende stevia
- ¾ kopp kraftig kremfløte

BRUKSANVISNING:
a) Pisk sammen kremost, vann, Swerve Confectioners, vanilje, fersk sitronsaft og flytende stevia til jevn i en stor bolle.
b) Pisk den tunge fløten til stive topper i en middels bolle.
c) Pisk ¼ av kremfløten inn i kremostblandingen til den er jevn. Bruk en gummispatel til å brette inn den resterende kremfløten ¼ om gangen.
d) Hell blandingen forsiktig i en 9-tommers brødform, legg et stykke plastfolie direkte på toppen og frys til den er stiv nok til å øse, minst 4 timer eller opptil 2 uker.

92. Blåbær ostekake iskrem

Gir: 12 porsjoner

INGREDIENSER:
- 12 oz kremost, romtemperatur
- ½ ss salt
- 1 kopp usøtet mandelmelk, romtemperatur
- ¼ kopp mascarpone, romtemperatur
- 2 ss vanilje
- 1 ss sitronekstrakt eller juice
- ¼ kopp rømme, romtemperatur
- 1 kopp Swerve søtningsmiddel
- 1 kopp blåbær

BRUKSANVISNING
a) Forbered og sett sammen ingrediensene dine. Hvis modellen du anbefaler, kan du forhåndsfryse iskremmaskinens miksebolle i minst 24 timer. Kremost, mascarpone, mandelmelk og rømme bør alle være i romtemperatur.

b) I en mikser med padlefeste blander du kremost til den er jevn. Skraper ned bollen med jevne mellomrom

c) Tilsett sukker og salt mens mikseren går, og kjør til ingrediensene er blandet og glatt. Tilsett mascarpone, og bland til det er kombinert og blandingen er jevn.

d) Tilsett sakte melk, vanilje, sitron og rømme.

e) Hell blandingen i bollen og avkjøl i kjøleskapet i minst 2 timer eller over natten. Den må være godt nedkjølt.

f) Pulshakk blåbær i en foodprosessor, eller grovhakk med en kniv. En blanding som er delvis chunky og delvis smooshed er perfekt. Avkjøl blåbær i kjøleskapet i minst 2 timer eller over natten.

g) Følg produsentens instruksjoner for å lage iskrem. Modellen vi brukte kommer med et frossen bollefeste som er forhåndsfryst i 24 timer i fryseren. Ingen salt og is er nødvendig.

h) Sett opp iskremmaskinen i henhold til produsentens instruksjoner og slå den på. Hell blandingen i den frosne frysebollen og bland til den begynner å tykne i ca. 10 til 15 minutter.
i) Tilsett blåbær og fortsett å blande i ytterligere 5 til 10 minutter til isen begynner å fryse og har en myk kremet tekstur. Ha isen over i en lufttett beholder og frys i noen flere til den har ønsket konsistens.
j) Når du er klar til å spise, la isen bli myk på benken (om nødvendig), ta den opp og nyt!

93. **Eple-osteis**

Gjør: 6

INGREDIENSER:
- 5 kokeepler, skrelt og kjernehuset
- 2 kopper cottage cheese, delt
- 1 kopp halv-og-halv, delt
- ½ kopp eplesmør, delt
- ½ kopp granulert sukker, delt
- ½ ts malt kanel
- ¼ teskje malt nellik
- 2 egg

BRUKSANVISNING:
a) Kutt epler i ¼-tommers terninger; sette til side. I en blender eller foodprosessor kombinerer du 1 kopp cottage cheese, ½ kopp halv-og-halv, ¼ kopp eplesmør, ¼ kopp sukker, kanel, nellik og ett egg.
b) Bland til jevn. Hell i en stor bolle.
c) Gjenta med gjenværende cottage cheese, halv og halv, eplesmør og egg. Kombiner med den tidligere purerte blandingen. Rør inn hakkede epler.
d) Hell i iskrembeholder. Frys i iskremmaskinen i henhold til produsentens anvisninger.

94. Kirsebærostkakeis

Gjør: 1½ liter

INGREDIENSER:
- 3 gram kremost, myknet
- 1 (14 unse) boks søtet kondensert melk
- 2 kopper halv-og-halv
- 2 kopper kremfløte
- 1 ss vaniljeekstrakt
- ½ ts mandelekstrakt
- 10 gram maraschino kirsebær, drenert og hakket

BRUKSANVISNING:
a) I en stor mikserbolle, pisk kremost til det er luftig.
b) Tilsett søtet kondensert melk gradvis til den er jevn.
c) Tilsett de resterende ingrediensene; Bland godt.
d) Hell i en iskrem fryseboks, og frys i henhold til produsentens anvisninger.

95. **Røkt laks ostekake**

Gjør: 1 porsjon

INGREDIENSER:
- 12 gram kremost, myknet
- ½ pund røkt laks eller Lox
- 3 egg
- ½ sjalottløk, finhakket
- 2 ss Kraftig krem
- 1½ ts sitronsaft
- klype salt
- klype hvit pepper
- 2 ss granulert sukker
- ½ kopp vanlig yoghurt
- ¼ kopp rømme
- 1 ss sitronsaft
- ¼ kopp finhakket gressløk
- Rød og gul paprika i terninger

BRUKSANVISNING:
a) I en mikserbolle, pisk osten til den er veldig myk. Puré laksen i en foodprosessor for å lime inn; tilsett egg om gangen og sjalottløk.
b) Legg lakseblandingen i bollen; bland inn fløte, sitronsaft, salt, pepper og sukker; bland godt. Vend inn i kremost.
c) Hell i en smurt 7- eller 8-tommers springform. Plasser fylt panne i større stekepanne; omslutt mindre panne med 1 tomme varmt vann. Stek i 25 til 30 minutter.
d) Lag sausen i mellomtiden.

96. Kylling-chili ostekake

Gir: 8 porsjoner

INGREDIENSER:
- 1⅓ kopp finknust tortillachips
- ¼ kopp smør eller margarin, smeltet
- 3 (8 unser hver) Pakker kremost, myknet
- 4 egg
- 1 ts chilipulver
- 1 ts Worcestershire saus
- ¼ teskje salt
- 3 ss Finhakket grønn løk
- 1½ kopper Finstrimlet kokt kylling
- 2 (4 unser hver) bokser med hakket grønn chili, drenert
- 1½ kopp revet Monterey Jack Cheese
- 16 gram rømme
- 1 ts Krydret salt
- Pynt: finhakket grønn løk
- Picante saus

BRUKSANVISNING:
a) Kombiner tortillachips og smør. Trykk på bunnen og 1 tomme opp på sidene av en 9-tommers springform.
b) Sett til side Pisk kremosten med en elektrisk mikser på høy hastighet til den er lett og luftig. Tilsett eggene, ett om gangen, og pisk godt etter hver tilsetning. Rør inn chilipulver, Worcestershiresaus, salt og hakket grønn løk.
c) Hell halvparten av kremostblandingen i den forberedte pannen. Dryss over kylling, chili og Monterey Jack-ost. Hell forsiktig resten av kremostblandingen på toppen.
d) Stek ved 350 F i 10 minutter; reduser varmen til 300F, og stek i ytterligere en time eller til den er stivnet. Avkjøl helt på rist.
e) Kombiner rømme og krydret salt. Fordel jevnt over toppen av ostekaken. Dekk til og avkjøl i minst 8 timer. Pynt, om ønskelig, og server med Picante-saus.

97. Krabbekjøttostkaker med krabbe

Gir: 4 porsjoner

INGREDIENSER:
- 2½ pund Kokt krabbe; plukket over, skjell reservert
- 4 kopper vann
- 1 kopp tørr hvitvin
- 1 løk; hakket
- 2 gulrøtter; hakket
- 1 fedd hvitløk; hakket
- 2 ss tomatpuré
- 1 bukett pynt; 3 persillekvister, 3 timiankvister, 1 laurbærblad og 10 pepperkorn
- ½ kopp kremfløte
- 6 gram kremost; i romtemperatur
- 2 egg
- ½ sjalottløk; hakket
- 1 ss hakkede tomater; seedet
- 1 liten fedd hvitløk; hakket
- 1½ ts fersk dill; hakket
- 1½ ts fersk sitronsaft
- Cayennepepper pulver; å smake
- ½ kopp avkjølt usaltet smør; jeg holder meg
- Kaviar; valgfri

BRUKSANVISNING:
TIL SAUSEN
a) Forvarm ovnen til 350 grader. Knekk krabben og fjern kjøttet fra skjellene. Dekk til og avkjøl kjøttet til det skal brukes.
b) Legg krabbeskjellene i en stekepanne og stek til de er aromatiske. Omtrent 20 minutter. Overfør skjellene til en tung, stor kjele.
c) Bland inn vann, vin, løk, gulrøtter, hvitløk, tomatpuré og bukettpynt og kok opp. Reduser varmen og la det småkoke til væsken er redusert til ½ kopp, rør av og til i ca. 1½ time. Press.

d) Tilsett fløten til kokevæsken og la det småkoke til redusert til ¾ kopp, rør av og til i ca. 10 minutter.
e) Dekk til og avkjøl.

FOR OSTEKAKENE

f) Smør fire ⅔ kopp suffléretter. Bruk en elektrisk mikser og pisk kremosten i en middels bolle til den er luftig. Pisk inn eggene. Bland inn sjalottløk, tomat, hvitløk, dill og sitronsaft. Rør inn krabbekjøttet. Smak til med salt, pepper og cayenne.
g) Fordel blandingen mellom rettene. Stek til sentrene er stivnet, ca 30 minutter. Avkjøl litt.

Å BLI FERDIG

h) Kjør en skarp kniv rundt sidene på koppene for å løsne ostekakene. Vend 1 på hver tallerken. La sausen koke opp.
i) Tilsett smøret gradvis og visp til det smelter. Smak til med salt, pepper og cayenne. Hell sausen over ostekakene. Pynt med kaviar om ønskelig.

98. Daiquiri ostekake

Gir: 12 porsjoner

INGREDIENSER:
- 1½ pakke Graham kjeks, knust
- 6 Smør, smeltet
- 24 gram kremost, myknet
- 5 Jumbo-egg, separert
- ⅔ kopp sukker
- 2 konvolutter gelatin
- ½ kopp Lett rom
- ⅓ kopp sukker
- ⅔ kopp fersk limejuice
- 1½ ts Nyrevet limeskall
- 1½ ts Nyrevet sitronskall
- 1-liter Piskefløte
- ½ kopp pulverisert sukker

BRUKSANVISNING:
a) Bland skorpeingrediensene og klapp i bunnen av springformen. Stek ved 350 ~ F i 10 minutter. Myk opp gelatinen i en liten kjele med ¾ kopp vann.
b) Rør eggeplommer inn i sukker. Tilsett gelatinblandingen med limejuice, rom og skall og kok over med. varme. rør hele tiden til blandingen tykner og bobler. Kul.
c) Pisk ost i en stor bolle til den er lett og luftig. Tilsett gelatinblandingen sakte og bland godt.
d) Pisk eggehvitene til det dannes myke topper. Tilsett melis og fortsett å piske til det dannes stive topper. Vend inn i osteblandingen.
e) Pisk fløte og vend inn i osteblandingen.
f) Hell i skorpen og avkjøl i flere timer eller over natten.

99. Pina colada ostekake

Gjør: 1 porsjon

INGREDIENSER:
- Kokosskorpe
- 2 konvolutter med gelatin uten smak
- Sukker
- 1 boks (6 gram) ananasjuice
- 3 egg, separert
- 3 pakker (8 gram hver) kremost, myknet
- ¼ kopp mørk jamaicansk rom
- ¼ ts kokosnøttekstrakt
- 1 boks (20 gram) knust ananas
- 1 ss maisstivelse

BRUKSANVISNING:
a) Forbered kokosskorpe (se nedenfor). Bland gelatin og ½ kopp sukker i en kjele. Tilsett ananasjuice. Stå i 1 minutt. Varm opp til gelatinen er oppløst (5 minutter). Fjern fra varme.
b) Tilsett eggeplommer, en om gangen og pisk godt etter hver. Avkjøl litt. Pisk kremost til den er luftig.
c) Bland inn en gelatinblanding med rom og kokosnøttekstrakt.
d) Avkjøl raskt ved å sette blandingen over en bolle med isvann; rør til det tykner litt. Pisk eggehviter til skum.
e) Tilsett gradvis ¼ kopp sukker til det dannes stive topper. Brett inn i gelatin. Vend til forberedt skorpe. Avkjøl over natten.
f) Kombiner udrenert ananas med 2 ss sukker og maisstivelse i en kjele. Kok, rør til det koker og tykner. Kul. Skje over ostekake. Serverer 8 til 10.
g) Kokosskorpe Bland 1½ kopper vaniljewafersmuler med 1 kopp flakkokosnøtt. Rør inn ⅓ kopp smeltet smør. Trykk inn bunnen og sidene av den 8 eller 9-tommers springformen. Avkjøl til klar til bruk.

100. Kahlua og kremostkake

Gjør: 1 porsjon

INGREDIENSER:
- 2 kopper hard sjokolade Cookie Crumbs, smuldret
- ½ kopp smør
- 3 ss sukker
- 3 (8 unser) pakker med kremost, myknet
- 2 kopper sukker
- 3 egg
- ½ kopp Kahlua
- 1 ts Vanilje
- 1 kopp rømme

GLASUR
- 1 kopp konditorsukker
- ¾ kopp rømme
- 3 ss Kahlua
- Pisket krem til pynt

BRUKSANVISNING:
SKORPE
a) Bland skorpeblandingen og press ut i en springform.
b) Stek i 5 minutter ved 350 grader. La avkjøles.

FYLLING:
c) Bland ett trinn om gangen med en elektrisk mikser. Hell i paibunnen. Stek i 55 til 60 minutter ved 350 grader. La stå i ovnen i 1 time med ovnsdøren åpen.
d) Ta ut og avkjøl til det er avkjølt. Forbered glasur. Sørg for at konsistensen lett kan helles.
e) Fordel på toppen og avkjøl i 6 timer. Server med pisket krem.

KONKLUSJON

Vi håper du har likt å utforske verden av ostekaker uten å bake sammen med oss. Fra klassiske smaker til unike kombinasjoner, vi har gitt deg 100 deilige og enkle å lage oppskrifter for å tilfredsstille søtsuget.

Husk at ostekaker uten baking er en allsidig dessert som kan nytes når som helst på året. Enten du feirer en spesiell anledning eller bare ønsker å unne deg selv, vil disse ostekakeoppskriftene garantert imponere.

Vi oppfordrer deg til å eksperimentere med forskjellige smakskombinasjoner og dekorasjonsteknikker for å lage disse ostekakene dine egne. Og viktigst av alt, ha det gøy på kjøkkenet!

Takk for at du ble med oss på denne søte reisen. Vi håper kokeboken Ingen baking ostekakker har inspirert deg til å skape nye og varige minner med familie og venner over en skive deilig ostekake.

Ingram Content Group UK Ltd.
Milton Keynes UK
UKHW021149220623
423869UK00009B/45